PREMIÈRES ÉTUDES

SUR

LES FABLES

DE

LA FONTAINE

A L'USAGE DES ÉCOLES PRIMAIRES,
DES CLASSES ÉLÉMENTAIRES DANS LES LYCÉES ET COLLÉGES,
DES PENSIONATS, ETC.

par

VICTOR FRAITOT

Licencié ès-lettres

PROFESSEUR AU LYCÉE DE BESANÇON

—◆◆—

BESANÇON
LIBRAIRIE DE CH. MARION, ÉDITEUR
Place Saint-Pierre
—
1874
(Droits réservés).

PREMIÈRES ÉTUDES

SUR

LES FABLES DE LA FONTAINE

PREMIÈRES ÉTUDES

SUR

LES FABLES

DE

LA FONTAINE

À L'USAGE DES ÉCOLES PRIMAIRES,
DES CLASSES ÉLÉMENTAIRES DANS LES LYCÉES ET COLLÉGES,
DES PENSIONNATS, ETC.

par

VICTOR FRAITOT

licencié ès lettres

PROFESSEUR AU LYCÉE DE BESANÇON

BESANÇON
LIBRAIRIE DE CH. MARION, ÉDITEUR
Place Saint-Pierre

—

1874

(Droits réservés).

DOLE (JURA), IMPRIMERIE BLUZET-GUINIER.

PRÉFACE

J'offre ce petit ouvrage à mes anciens élèves : c'est le recueil des leçons que je leur ai faites sur quelques-unes des Fables de La Fontaine. Ils y retrouveront beaucoup de choses qu'ils savent encore et aussi beaucoup de choses qu'ils avaient sans doute déjà oubliées. Ils me sauront gré, je l'espère, d'avoir voulu ainsi me ménager une petite place dans leur souvenir, car j'avoue que c'est un peu cette pensée égoïste qui me pousse à affronter le dangereux honneur de la publicité.

Mais j'avais le droit de croire en même temps que ce qui avait eu le don de plaire à mes élèves pourrait aussi être goûté par tous les enfants de leur âge. J'ose donc encore adresser ces *Premières Études* à toutes les jeunes intelligences qui apprennent tout à la fois dans La Fontaine à lire et à penser. Je recommande en conséquence cet humble opuscule à tous mes collègues de l'enseignement primaire ou secondaire, dans l'espoir qu'il pourra souvent leur être d'un réel secours, en abrégeant le temps des recherches et des préparations.

Le plan en est simple. On trouvera d'abord la Fable en tête des pages; chaque Fable est suivie d'une courte *Analyse* exposant et résumant brièvement le sujet; — d'une *Critique* que développe la Fable en indiquant les points les plus saillants, les traits les plus beaux, en cherchant à montrer le mérite du style, le talent du fabuliste; — enfin de *Notes* gramaticales, philologiques, historiques, etc... destinées à mettre tout en lumière, à ne rien laisser qui ne soit à la portée des moindres intelligences.

Ce travail n'est pas complet. Souvent je me suis borné à de simples indications, m'en rapportant, pour les développements, au maître, qui saura les proportionner à son auditoire. J'ai dû parfois me contenter d'attirer l'attention sur un mot, sur un vers, en imprimant ce mot ou ce vers en caractères italiques, sans l'accompagner de commentaires qui auraient pu m'entraîner trop loin.

Voilà ce que j'ai fait ou du moins ce que j'ai essayé de faire. Pour tirer quelque profit de ces *Pre-*

mières Études, on peut procéder de la manière suivante : la Fable est apprise par cœur à raison d'un certain nombre de vers par leçon. Sur chaque leçon, le maître posera les questions qui s'y rapportent et dont la solution sera fournie par la *Critique* et les *Notes*. Enfin à la répétition générale, il exercera ses élèves à analyser et à critiquer de mémoire, chose qui sera toujours facile, les enfants ayant dû précédemment, avec ou sans le maître, lire et relire ce qui accompagne chaque Fable. Les jeunes élèves pourront ainsi prendre peu à peu la précieuse habitude de *se rendre compte* et de *parler*, qualités encore bien rares, on le sait, dans nos écoles. Tel est le but : contribuer pour ma part à l'atteindre serait ma récompense et ma gloire.

Besançon, août 1874.

NOTICE

SUR

LA FONTAINE

Jean de La Fontaine, né à Château-Thierry en 1621, mort en 1695, appartient au siècle de Louis XIV. Il fut le contemporain et l'ami de tous ces grands écrivains français qui ont fait donner au xviie siècle le nom du prince sous lequel ils ont vécu : c'étaient Corneille, Racine, Molière, au théâtre ; Boileau, le poète du goût et de la raison ; Bossuet, Bourdaloue, Fénelon dans la chaire chrétienne ; La Bruyère, La Rochefoucauld, dont *les Caractères* ou *les Maximes* nous charment encore ; madame de Sévigné, si connue pour la grâce de ses *Lettres* et de son esprit, etc.

Nous n'avons pas beaucoup à nous occuper de la vie privée de La Fontaine. Sa jeunesse n'offre rien de remarquable ; après des études incomplètes, il fut longtemps avant de choisir une carrière. Un beau jour, il sentit son génie poétique s'éveiller en entendant déclamer l'ode de Malherbe qui commence par ces mots :

Que direz-vous, races futures ?...

A partir de ce moment, La Fontaine ne songea plus qu'aux Muses. Laissant de côté et charge et famille, il se rendit à Paris où il ne tarda pas à se lier avec tout ce que la capitale possédait de distingué. Il eut pour protecteurs les personnages les plus importants et pour ami quiconque avait du goût ou du génie. Il ne fut pourtant jamais le favori de Louis XIV, et Boileau ne lui accorda pas la plus petite place dans son *Art poétique*. Ce sont deux grandes injustices que la postérité répare largement.

L'insouciance faisait le fond du caractère de La Fontaine. Les soins de la vie étaient, à son avis, un fardeau trop lourd à porter : d'autres s'en chargèrent pour lui, et ce fut heureux. Il aimait le repos, la mollesse, le *dormir*, ce qui n'empêchait pas son esprit de travailler beaucoup. Sans cesse absorbé dans la composition de ses fables, il oubliait souvent jusqu'au lieu où il se trouvait. C'est ainsi qu'il lui arrivait de ne pas entendre un mot d'une conversation qui se tenait autour de lui ; de ne pas se rendre, par oubli, à un repas où il était invité, ou quelquefois d'arriver à la fin du dîné ; de passer toute une journée à la pluie, sous un arbre, en pleine campagne, sans s'apercevoir qu'il pleuvait. Devoirs, convenances, étaient des mots qui, le plus souvent, n'existaient pas pour lui ; mais ses contemporains furent assez sages pour ne pas lui en faire un crime, parce qu'ils savaient bien qu'au milieu de ces distractions éclosaient les chefs-d'œuvre du *bonhomme*.

J'ai dit *les chefs-d'œuvre* et je n'ai point exagéré : chaque fable de notre poète est en effet un petit chef-d'œuvre, et il y a douze livres en renfermant chacun quinze ou vingt. Le travail que l'on trouvera plus loin nous dispense d'entrer dans de grands développements fsur le caractère de ces fables ; mais on peut dire d'une açon générale que le poète s'y recommande par deux mérites de premier ordre : grand écrivain, grand moraliste. L'art de La Fontaine est fort original ; son style nous charme par des qualités diverses. Nous aimons ces formes puisées dans le langage qu'aimaient nos pères ; — ces tournures aisées, coulantes, communes et neuves pourtant par le relief ou l'à-propos, — cet esprit fin, aimable, naïf, piquant, vraiment gaulois, — cette versification à la fois capricieuse et savante, et toujours en conformité parfaite avec la chose exprimée ; — ces peintures vives, animées, tantôt fraîches et gracieuses, tantôt sévères et grandioses, toujours naturelles, toujours vraies.

Sa morale est attrayante : c'est un remède dans une friandise. Laissant à d'autres le ton chagrin et les leçons moroses, il se garde de prendre un air doctoral. Il se promène dans tous les chemins de la vie et recueille au bord de la route, en passant, ces faits nombreux et variés qu'il nous raconte ensuite avec enjouement, louant sans arrière-pensée quand il y a lieu de louer, blâmant tout doucement quand il faut blâmer. Il loue et il blâme : simple spectateur des actions humaines, il les laisse en quelque sorte se dérouler sans les contraindre, puis i tire la conclusion de ce qu'il vient de voir. Cette conclusion est toujours celle que nous aurions tirée nous-mêmes. Voilà pourquoi les fables de La Fontaine sont un trésor d'expérience : quelques fables étudiées valent souvent des années d'existence. Dès nos premiers pas dans la vie et avant d'entrer en relation avec nos semblables, nous apprenons à les connaître. Nous sommes avertis du jeu des passions bonnes ou mauvaises, de leur influence dans les différentes phases de la vie, de ce que nous avons à craindre de nous-mêmes ou des autres hommes, de ce que nous devons fuir ou rechercher. Enfin lorsque nous arrivons à l'âge où l'on se mêle plus intimement aux affaires du monde, nous pouvons avancer d'un pas assuré, car la société à laquelle nous a initiés La Fontaine ne diffère que par le nom — de la société humaine dans laquelle nous vivons :

     … Mutato nomine, de te
  Fabula narratur.
 … Change le nom, la Fable est *son* histoire.

Outre ses fables, La Fontaine a composé un grand nombre d'autres poésies, surtout des *Contes* qui mériteraient beaucoup d'éloges si la décence n'y était pas si souvent offensée.

La Fontaine mourut à Paris âgé de 73 ans.

V. Fraitot.

EXPLICATIONS

DE QUELQUES TERMES EMPLOYÉS DANS CET OUVRAGE.

ACCEPTION (accipere - recevoir), sens que l'on donne à un mot, que reçoit un mot.

ANTIPHRASE, figure par laquelle on emploie un mot, une phrase dans un sens contraire à sa véritable signification.

ANTITHÈSE. Cette figure consiste à opposer les uns aux autres des choses contraires, soit au moyen de mots, soit au moyen de phrases.

APOSTROPHE, figure par laquelle on interrsmpt un récit ou un discours pour adresser la parole à une autre personne, ou même à une chose.

CIRCONLOCUTION. Quand, au lieu de désigner une chose par son nom, on se sert de plusieurs mots qui expliquent ou dépeignent cette chose, on fait une circonlocution.

CONTRASTE, opposition de deux choses dont l'une sert à faire ressortir l'autre, opposition de mots, de pensées, etc.

DÉFECTUEUX, à quoi il manque quelque chose. Un verbe défectueux, ou mieux défectif.

DIMINUTIF se dit de tout mot qui a une signification plus faible que celui dont il est formé par l'addition d'une certaine terminaison.

ELLIPSE, retranchement d'un ou de plusieurs mots qui seraient nécessaires pour la régularité de la construction, mais que l'usage permet de supprimer.

EMPHATIQUE se dit d'une manière de parler affectée, pompeuse, pour grandir les objets. L'emphase est presque toujours un défaut.

ÉNUMÉRATION, dénombrement de choses ; cette figure consiste à passer en revue un certain nombre d'objets ou de parties formant un tout.

ÉPITHÈTE, adjectif qualificatif, mais considéré au point de vue de sa valeur dans le sens général de la phrase, non au point de vue de la grammaire.

ÉTYMOLOGIE, origine d'un mot, dérivation d'un mot par rapport à un autre qu'on appelle racine.

EUPHONIQUE, qui adoucit la prononciation et la rend agréable.

EXPLÉTIF se dit des mots qui sont inutiles au sens tout en remplissant la phrase.

FIGURÉ se dit des mots qui sont détournés de leur premier sens ou sens propre, ce qui produit une figure.

GRADATION. La gradation consiste à réunir plusieurs idées ou plusieurs expressions qui enchérissent les unes sur les autres.

HÉMISTICHE. La moitié d'un vers, généralement de 12 ou 10 syllabes.

HIATUS. Rencontre de deux syllabes qu'on ne peut prononcer sans ouvrir largement la bouche.

IMAGE, métaphore par laquelle on rend une idée plus vive et plus sensible en prêtant à l'objet dont on parle des formes, des apparences, des qualités empruntées à d'autres objets.

INVERSION. Phrase construite suivant un ordre qui n'est pas l'ordre ordinaire.

LATINISME, tournure particulière à la langue latine On dit de même gallicisme pour le français et hellénisme pour le grec.

MÉTAPHORE, figure qui change la signification d'un mot en la transportant du sens propre au sens figuré. Dans cette figure il y a toujours une comparaison.

MÉTATHÈSE, figure qui consiste dans la transposition d'une lettre.

ONOMATOPÉE. On appelle ainsi un mot formé de telle sorte qu'en le prononçant on reproduise par la voix la chose signifiée.

PÉRIPHRASE, comme circonlocution.

PÉRORAISON, fin d'un discours.

PLÉONASME, répétition ou emploi de mots inutiles pour le sens, mais rendant la phrase plus vive, etc.

RHÉTORIQUE, l'ensemble des préceptes qu'il faut suivre pour bien parler.

SATIRIQUE, qui a un sens moqueur, où l'on censure des vices, des défauts, des travers.

SYNONYMES, se dit des mots qui ont même signification.

TRANSITION. Phrase qui, dans un ouvrage, lie ensemble deux parties qui ont peu de rapport l'une avec l'autre.

RÈGLES SIMPLES
POUR BIEN DÉCLAMER LES VERS

Voici quelques règles qui, bien comprises et bien appliquées, rendront très-facile la déclamation des vers. Ces règles portent sur trois points : la *Ponctuation*, — l'*Accent tonique* ; les *Proclitiques*.

1º *Ponctuation*. — Pour déclamer les vers, on doit observer la ponctuation comme on le ferait en lisant de la prose.

2º *Accent tonique*. — L'accent tonique n'est que l'élévation de la voix sur une syllabe. En français, l'accent tonique porte toujours sur la dernière ou l'avant-dernière syllabe ; — sur la dernière, quand cette dernière est une syllabe forte ou masculine : *mai***son**, *ha***meau**, *fo***rêt** ; — sur l'avant-dernière, quand la dernière est faible ou féminine : *mi***sè***re*, *mon***tag***ne*, *for***tu***ne*, *di***vi***ne*.

3º *Proclitiques*. — Il y a toujours dans un vers des mots sur lesquels la voix n'appuie pas et qui, par conséquent, ne prennent point l'accent : on les appelle proclitiques. Exemple :

Le jour *n'est* pas *plus* pur *que le* fond *de mon* cœur.

Dans ce vers, la voix passe rapidement sur les mots en italiques et est plus sonore sur les autres.

Voici un exemple pris dans La Fontaine :

A**dieu**, *dit le* re**nard**, *ma* **trai**te *est* **lon**gue *à* **fai**re ;
Nous nous réjoui**rons** *du* suc**cès** *de* l'af**fai**re
Une autre **fois**.

Dans ces vers, nous avons marqué en lettres grasses la syllabe accentuée, tandis que les proclitiques sont en lettres italiques.

I

LA CIGALE ET LA FOURMI

La cigale ayant chanté
  Tout l'été,
Se trouva fort dépourvue
Quand la bise fut venue :
Pas un seul petit morceau
De mouche ou de vermisseau.
Elle alla crier famine

ANALYSE. — Une cigale avait passé la saison d'été à chanter. Quand l'hiver arriva, elle fut obligée d'aller demander à la fourmi quelques provisions que celle-ci lui refusa durement.

CRITIQUE. — Tel est dans toute sa simplicité, ce sujet dont La Fontaine a fait une fable si jolie que tout le monde la sait par cœur. Les vers sont légers, sautillants comme les petits animaux qu'il a mis en scène. La cigale avait chanté *Tout l'été*. Comme ce petit vers fait bien ressortir la longue et folle insouciance de la cigale ! De même, plus loin, la grande pauvreté et le désenchantement de la cigale sont fort bien exprimés par ces deux vers sans verbe :

  Pas un seul petit morceau
  De mouche ou de vermisseau.

Elle va donc demander à une voisine le peu qui lui manque pour vivre ; mais cette voisine, fourmi de son métier, est aussi avare que laborieuse. La cigale ne l'ignore

Chez la fourmi sa voisine,
La priant de lui prêter
Quelque grain pour subsister
Jusqu'à la saison nouvelle.
— Je vous paierai, lui dit-elle,
Avant l'oût, foi d'animal,
Intérêt et principal.

pas : elle *prie*, promet de rendre non-seulement le *principal*, mais encore l'*intérêt*. Elle n'obtient rien : *La fourmi n'est pas prêteuse*. Bien plus, comme toutes les personnes peu serviables, elle est cruelle. Sa réponse est méchante; c'est une piquante raillerie :

Vous chantiez ! j'en suis fort aise.
Eh bien ! dansez maintenant.

La fourmi fut économe; elle n'était guère charitable.

NOTES. — *Dépourvue* (employé sans régime) c'est-à-dire manquant de ce qui est nécessaire.

Bise, vent sec et froid, qui souffle souvent en hiver. Ce mot est mis ici pour hiver.

Pas un seul petit morceau de mouche ou de vermisseau, phrase elliptique, c'est-à-dire où il manque un ou plusieurs mots. Suppléez ici : Elle n'avait pas un seul, etc.

Vermisseau, diminutif de ver, petit ver.

Famine. Distinguez famine, manque absolu de vivres, de *disette*, rareté de vivres.

Les verbes en *ayer* ont indifféremment un *i* ou un *y* devant *e* muet. Exemple : je paierai ou je payerai.

La fourmi n'est pas prêteuse :
C'est là son moindre défaut.
— Que faisiez-vous au temps chaud ?
Dit-elle à cette emprunteuse.
Nuit et jour, à tout venant,
Je chantais, ne vous déplaise.
Vous chantiez! j'en suis fort aise.
Eh bien! dansez maintenant.

Oût pour août, le septième mois de l'année, signifie ici le temps de la moisson. Ce mot dérive d'Auguste, nom du premier empereur romain.

Foi d'animal, manière d'affirmer plus fermement. C'est une ellipse : Je vous donne ma foi, je vous le promets (autant qu'un animal peut le promettre).

Principal, c'est-à-dire ce qui aura été prêté. Quand il s'agit d'une somme d'argent, on emploie le mot *capital*.

C'est là son moindre défaut, c'est-à-dire son plus petit défaut : la fourmi n'a pas le défaut d'être prêteuse.

Au temps chaud, périphrase désignant l'*été*.

A tout venant signifie au premier venu, à tout le monde, pour tout le monde, sans cesse.

Ne vous déplaise, ellipse pour : qu'il ne vous en déplaise, expression au moyen de laquelle on s'excuse en quelque sorte de ce qu'on dit.

Aise, substantif et adjectif, — ici adjectif. Ce mot dit un peu plus que content, dont il est synonyme.

II

LES VOLEURS ET L'ANE

Pour un âne enlevé, deux voleurs se battaient :
L'un voulait le garder, l'autre le voulait vendre.
　Tandis que coups de poing trottaient,
Et que nos champions songeaient à se défendre,
　Arrive un troisième larron
　Qui saisit maître Aliboron.

ANALYSE. — Deux voleurs se battaient au sujet d'un âne qu'ils avaient volé. Pendant la lutte, un troisième voleur survient et se saisit de l'âne.

CRITIQUE. — Cette fable est excessivement courte : le récit a six vers et la morale huit. Au début, nous voyons la lutte : — *Tandis que coups de poing trottaient.* Cette suppression de l'article, devant coups et ce verbe *trottaient*, détourné de son sens habituel, donnent à ce combat une tournure fort plaisante. L'arrivée du troisième larron, qui emmène l'âne, achève à merveille cette petite scène. Malheureusement, les acteurs ne sont pas toujours deux voleurs ordinaires : ils se trouvent même sur les trônes. Deux souverains se font la guerre pour une province : Un troisième vient qui prend possession du domaine en litige. Il peut y avoir deux, trois, quatre larrons se disputant entre eux : il en arrive presque toujours un dernier qui, plus fort, profite de l'embarras des autres pour prendre ce qui cause la querelle. Tel est le travers humain envisagé

L'âne, c'est quelquefois une pauvre province ;
    Les voleurs sont tel et tel prince,
Comme le Transilvain, le Turc et le Hongrois.
    Au lieu de deux, j'en ai rencontré trois :
    Il est assez de cette marchandise.
De nul d'eux n'est souvent la province conquise :
Un quart voleur survient qui les accorde net
    En se saisissant du baudet.

par le poète. Il ne tire de ce récit aucune conclusion : il nous a seulement montré la sottise des différends. Il nou instruit comme nous instruirait l'expérience même. Nous savons que le vol est odieux : il nous en montre encore une des plus laides et des plus communes conséquences.

NOTES. — *L'autre le voulait vendre.* Le pronom *le*, régime du deuxième verbe, se mettait fort bien avant le premier au temps de La Fontaine. On ne le ferait plus aujourd'hui.

Trottaient. — Les coups donnés et reçus vont et viennent et rappellent assez bien le mouvement d'un trot dans un espace resserré.

Champion. — Un champion était un homme qui combattait en *champ* clos. On le dit de tout homme qui combat, qui lutte contre un autre.

Larron, au féminin larronnesse (lat. latro*)*, signifie voleur, avec cette différence qu'un larron vole toujours furtivement, en cachette, tandis que le voleur agit quelquefois ouvertement, au grand jour.

Aliboron, mot d'origine douteuse, se dit de l'âne, et aussi de tout homme ignorant et stupide.

Pauvre province. — Pauvre, ici, n'est pas opposé à riche pour le sens. Cet adjectif signifie qui excite la pitié, la commisération : province dont le sort est à plaindre (ce qui n'empêche pas qu'elle soit riche).

Transilvain, habitant de la Transilvanie (Autriche).

Il est assez de cette marchandise, c'est-à-dire cette marchandise ne manque pas. Remarquez *marchandise* pour désigner des hommes.

De nul d'eux n'est souvent la province conquise signifie : souvent la province n'est conquise par aucun d'eux.

Quart, féminin quarte, adjectif numéral ordinal, quatrième.

Net, exemple d'adjectif employé adverbialement.

Baudet désigne l'âne, mais considéré au point de vue de sa vivacité, de sa gaieté.

III

LE LOUP ET LA CIGOGNE

Les loups mangent gloutonnement.
Un loup donc étant de frairie
Se pressa, dit-on, tellement,
Qu'il en pensa perdre la vie :
Un os lui demeura bien avant au gosier.
De bonheur pour ce loup qui ne pouvait crier,
Près de là passe une cigogne.
Il lui fait signe; elle accourt.

ANALYSE. — Un loup qui s'était trop hâté en dévorant sa proie faillit périr : un os s'était arrêté dans son gosier. Une cigogne passait près de là heureusement, le loup l'appela à son secours. Grâce à son long bec, la cigogne retira l'os. Ce bienfait méritait une récompense. Le loup crut s'acquitter en accordant, pour cette fois seulement, la vie sauve à sa bienfaitrice.

CRITIQUE. — Cette fable est remplie de naturel. Nous ne sommes pas étonnés de voir un loup, glouton comme tous ses pareils, sur le point de mourir des suites de sa gloutonnerie. La Fontaine ne pouvait pas, en cette circonstance, trouver un meilleur médecin que la cigogne, dont le long bec plongerait facilement dans le gosier du loup. Cependant il n'y a pas de temps à perdre. Le loup aperçoit la cigogne ; *il lui fait signe, elle accourt*. Ce vers est rapide : il peint la situation. L'os est retiré habilement,

Voilà l'opératrice aussitôt en besogne.
Elle retira l'os; puis, pour un si bon tour,
 Elle demanda son salaire.
 Votre salaire, dit le loup :
 Vous riez, ma bonne commère !
 Quoi ! ce n'est pas encore beaucoup
D'avoir de mon gosier retiré votre cou.
 Allez, vous êtes une ingrate :
 Ne tombez jamais sous ma patte.

promptement. Ce fut un — *bon tour* — et la cigogne a raison de demander son salaire. Mais le loup, hors de danger, ne voit déjà plus dans la cigogne qu'une nouvelle proie à dévorer. Il se contentera de faire grâce ; que la cigogne ne se plaigne pas : le loup ne serait pas généreux une seconde fois. La Fontaine n'a pas formulé la morale de cette fable : il nous laisse le soin de la trouver. Cherchons donc. La première leçon s'adresse aux gourmands : Combien sont morts d'avoir mangé gloutonnement ! La deuxième leçon concerne les hommes méchants et ingrats. Il est tellement dans leur nature de faire le mal, qu'ils se croient les meilleures gens du monde en se contentant de ne point faire le bien. Faisons encore une remarque : les loups sont les ennemis de tous les êtres plus faibles qu'eux : la cigogne imprudente faillit se repentir de l'avoir oublié.

NOTES. — *Gloutonnement*. — Avec gloutonnerie. — En français beaucoup d'adverbes de manière sont formés du féminin de l'adjectif et de la terminaison *ment* (lat. mente, abl. de mens). Gloutonne-ment.

Frairie (du latin *fratria*, société, corporation, rac. *frater*) signifie réunion; et comme dans les réunions on fait généralement un repas, frairie a pris le sens de festin, bonne chère, sens qu'il a dans la fable.

Demeurer (*de morari*), dont le premier sens est — s'arrêter en un lieu, est ici un terme très-propre. — Demeurer se conjugue avec être ou avoir, suivant qu'il marque un état ou une action : j'ai demeuré vingt jours à Paris. — Je suis demeuré muet de surprise.

Penser, ici : être sur le point de, — (sens fréquent).

De bonheur, heureusement. Aujourd'hui on dirait : par bonheur. La Fontaine a lui-même dit d'un voyageur qu'il — s'était muni *par bonheur.* —

Besogne est une seconde forme de *besoin;* la besogne est ce qu'il faut faire, ce que l'on a *besoin* de faire.

Un si bon tour, c'est-à-dire une cure si habile.

Vous riez, tournure très-usitée pour faire entendre à une personne qu'on ne croit pas au sérieux de ses paroles.

Commère, dont le premier sens est marraine, a ici une acception ironique qui lui est fort commune. On appelle commère une voisine, une femme que l'on voit souvent, et aussi une femme bavarde, médisante.

IV

LA BELETTE ENTRÉE DANS UN GRENIER

Damoiselle belette, au corps long et fluet,
Entra dans un grenier par un trou fort étroit :
    Elle sortait de maladie.
      Là, vivant à discrétion,
      La galante fit chère lie,
    Mangea, rongea : Dieu sait la vie,
Et le lard qui périt en cette occasion !

ANALYSE. — Une Belette sortant de maladie entra dans un grenier où étaient amassées des provisions. Elle mangea tant que, de maigre qu'elle était, elle devint fort grasse. Un jour elle entend du bruit ; vite elle veut fuir. Malheureusement elle était entrée par un trou étroit : elle ne peut plus y repasser. Il lui fallut redevenir maigre pour sortir.

CRITIQUE. — Ce petit récit est très-animé ; le style est rapide. les expressions peignent admirablement les objets. Lisez le premier vers :

    Damoiselle belette, au corps long et fluet.

Ne croyez-vous pas voir une belette trottinant devant vos yeux ? Elle sort de maladie : comme elle doit être heureuse de manger à son aise ! Il faut quatre vers au poète pour décrire ce somptueux et réjouissant festin :

    Là, vivant à discrétion,
    La galante fit chère lie,
    Mangea, rongea : Dieu sait la vie
    Et le lard qui périt en cette occasion.

Voilà une belette qui nous fait rêver à Gargantua.

La voilà, pour conclusion,
Grasse, mafflue et rebondie.
Au bout de la semaine, ayant dîné son soû,
Elle entend quelque bruit, veut sortir par le trou,
Ne peut plus repasser et croit s'être méprise.
Après avoir fait quelques tours,
« C'est dit-elle, l'endroit : me voilà bien surprise :
J'ai passé par ici depuis cinq ou six jours. »

Le deuxième de ces vers n'exprime-t-il pas bien la jouissance : *La galante fit chère lie !* — Mettez en regard du premier vers celui-ci :

Grasse, mafflue et rebondie

et dites si le contraste des idées n'est pas bien rendu par les mots. Nous nous plaisons ensuite à suivre cette bonne belette dans ses courses autour du grenier, et nous rions franchement de sa naïveté quand elle s'écrie, en voyant son trou : *C'est l'endroit!* Elle est forcée de l'avouer, et elle semble en douter encore. Le rat lui fait alors une leçon fort plaisante :

Vous aviez lors (*en entrant*) la panse un peu moins
[pleine.
Vous êtes maigre entrée, il faut maigre sortir.

Pour terminer, le poète indique plutôt qu'il n'exprime la morale. C'est à nous de la formuler et de l'appliquer toutes les fois que, dans la vie, nous voyons quelqu'un dans une situation analogue à celle de la belette.

NOTES. — *Damoiselle,* féminin de damoisel ou damoiseau, est devenu demoiselle.

Fluet, d'apparence frêle et délicate.

Grenier, ainsi appelé parce que c'est le lieu où l'on met le grain (*granum*)

Un rat, qui la voyait en peine,
Lui dit : « Vous aviez lors la panse un peu moins
[pleine.
Vous êtes maigre entrée, il faut maigre sortir.
Ce que je vous dis là, l'on le dit à bien d'autres :
Mais ne confondons point, par trop approfondir,
Leurs affaires avec les vôtres.

Etroit. — La diphtongue *oi* s'est prononcée jusqu'à La Fontaine *ai* ou *ouet*. (Cette prononciation est aujourd'hui un défaut grave qui subsiste surtout dans le langage franc-comtois). — *Fluet* s'écrivait flouet. Donc flouet et étroit (etrouet) rimaient bien.

Vivre à discrétion, vivre comme on l'entend, ne rien se refuser.

Chère lie. — chère, festin, repas de réjouissance. Ce mot semble venir d'un mot grec (κάρα) qui signifie *tête*. Les sens successifs sont : tête, visage, bon visage, puis accueil, et enfin festin qui est souvent la marque d'un bon accueil. — *Lie* (de *lætus*), joyeux, n'est plus usité. Le substantif correspondant *liesse* est encore employé.

Dieu sait la vie, sous-entendez : qu'elle mena. *Dieu sait* est une locution fort employée pour donner plus d'importance à ce qu'on veut dire.

Pour conclusion, comme conséquence de son copieux festin.

Périt est remarquable pour fut mangé, consommé.

Mafflue et *mafflé* sont deux formes du même adjectif signifiant joufflu, qui a de grosses joues.

Rebondie, se dit de la chair qui est renflée, gonflée chez les personnes grasses.

Son soû.— Pour son soûl (de *solere*) expression familière pour dire qu'on en prend abondamment, autant qu'on veut.

Se méprendre, commettre une erreur, se tromper.

Me voilà surprise, c'est-à-dire : je ne m'attendais pas à cela.

Panse, (lat. *pantex*) terme familier, signifie le ventre.

Là, l'on le est peu harmonieux de nos jours.

Par trop approfondir, tournure empruntée à la langue grecque (hellénisme), signifie : En approfondissant trop.

V

L'ANE ET LE PETIT CHIEN

Ne forçons point notre talent ;
Nous ne ferions rien avec grâce :
Jamais un lourdaud, quoi qu'il fasse,
Ne saurait passer pour galant.
Peu de gens que le ciel chérit et gratifie
Ont le don d'agréer infus avec la vie.
C'est un point qu'il leur faut laisser,
Et ne pas ressembler à l'âne de la fable,
Qui, pour se rendre plus aimable

ANALYSE. — Le maître d'un âne avait un petit chien à qui il prodiguait ses caresses. Ce chien mignon n'avait qu'à donner la patte pour être cajolé. L'âne crut que par le même moyen il obtiendrait les mêmes faveurs. C'est dommage que l'âne ne soit point né pour nous charmer par des façons aimables. Quand il voulut porter sa corne usée au menton de son maître, cette liberté déplut et valut au pauvre baudet une volée de coups de bâton.

CRITIQUE. — La Fontaine débute par la morale qu'il adresse aux gens gauches et grossiers, aux lourdauds. Que les lourdauds ne s'avisent pas de se montrer galants : la galanterie n'est point leur fait. Les deux vers

Ne forçons point notre talent,
Nous ne ferions rien avec grâce

sont devenus proverbe. Les deux suivants, souvent cités aussi, expliquent les deux premiers. Ceci est triste pour les lourdauds ; mais ils n'ont pas même le droit de se plaindre : la galanterie est *un don infus avec la vie*. La mo-

> Et plus cher à son maître, alla le caresser
> Comment! disait-il en son âme,
> Ce chien, parce qu'il est mignon,
> Vivra de pair à compagnon
> Avec Monsieur, avec Madame;
> Et j'aurai des coups de bâton !
> Que fait-il ? Il donne la patte,
> Puis aussitôt il est baisé :
> S'il en faut faire autant afin que l'on me flatte,
> Cela n'est pas bien malaisé.

rale ainsi développée, le poète va la confirmer par la fable de l'âne. L'intention de cet animal est louable : il veut se rendre *plus cher à son maître.* Le langage qu'il se tient à lui-même est juste et ne manque pas d'une certaine vivacité :

> Ce chien, parce qu'il est mignon,
> Vivra de pair à compagnon
> Avec Monsieur, avec Madame;
> Et j'aurai des coups de bâton !

Jusque là, l'âne a raison. Il choisit même bien son temps. Mais quand, dans cette *admirable pensée,* nous le voyons porter sa corne usée au menton de ce maître, nous commençons à le trouver un peu inconvenant. Remarquez avec quelle habileté La Fontaine se sert de notre langue, Comme les mots lourdement, amoureusement, ornement peignent bien la lourderie de l'âne. Ne trouvez-vous pas le poète très-amusant, quand il ajoute que le baudet accompagne

> De son chant gracieux cette action hardie ?

Aussi ne nous récrions-nous point en voyant paraître Martin-Bâton : l'âne a mérité son sort. Le dernier vers excite un franc éclat de rire :

> Ainsi finit la comédie.

Dans cette admirable pensée,
Voyant son maître en joie, il s'en vient lourdement,
Lève une corne tout usée,
La lui porte au menton fort amoureusement,
Non sans accompagner, pour plus grand ornement,
De son chant gracieux cette action hardie.
Oh ! oh ! quelle caresse ! et quelle mélodie !
Dit le maître aussitôt. Holà ! Martin-Bâton !
Martin-Bâton accourt : l'âne change de ton.
Ainsi finit la comédie.

NOTES. — *Ne forçons point*, n'exagérons point notre talent, laissons-le paraître tel qu'il est.

Lourdaud (de lourd), qui a des manières, des allures *lourdes*, grossières.

Galant. Ce mot, au temps de La Fontaine, avait un sens très-flatteur et signifiait : un homme agréable sous tous les rapports. Aujourd'hui galant s'applique généralement à un homme plus léger que sérieux.

Quoi qu'il fasse. — *Quoi que* s'écrit ainsi en deux mots quand il signifie quelque chose que, quelle que soit la chose que.

Gens. — Au singulier *gent* est toujours féminin. Au pluriel *gens* veut au féminin l'adjectif qui le précède immédiatement, quand cet adjectif n'a pas la même forme pour les deux genres (bon, bonne). Cependant si gens désignait spécialement des hommes, l'adjectif resterait au masculin : Ces brigands, *tous* gens cruels (L. Leclair).

Gratifier, faire une grâce, s'emploie rarement sans régime indirect.

Le don d'agréer, c'est-à-dire le don de plaire.

Infus avec la vie, versé, répandu (en nous) avec la vie Infus ne s'emploie qu'en parlant des choses de l'esprit. Ce vers signifie que ce don nous vient en naissant, sinon nous ne le possédons jamais.

C'est un point, etc... C'est un avantage, un privilége, qu'il faut leur laisser.

Et ne pas ressembler. — Ellipse, suppléez : Et *il ne faut pas* ressembler.

En son âme. — La Fontaine, qui fait parler les animaux, leur prête aussi une âme. Il y a dans cette expression, *en son âme*, je ne sais quoi de mélancolique qui convient très-bien à notre âne.

Mignon, petit, délicat, gentil.

De pair à compagnon, d'égal à égal, sur le pied d'égalité, se dit d'un inférieur qui traite trop familièrement son supérieur.

Dans cette admirable pensée. — *Admirable* ici, comme *gracieux*, un peu plus loin, est ironique ; c'est à ce mot que la fable commence à nous faire rire.

Quelle mélodie ! par antiphrase. Le chant de l'âne n'est pas du tout mélodieux.

Martin-Bâton, pour : le bâton de Martin. — Martin-Bâton désigne un garçon d'écurie armé d'un bâton ou le bâton lui-même.

Changer de ton, expression empruntée à la musique et passée dans le langage ordinaire. Elle signifie : changer sa façon de parler ou d'agir.

Comédie. — Pièce de théâtre dans laquelle on dépeint un vice ou un travers de l'humanité. La comédie instruit comme l'expérience et nous amuse par le ridicule. Par analogie on donne vulgairement le nom de comédie à toute scène qui, dans la vie, prête à rire. C'est dans ce sens que La Fontaine l'a employé.

VI

LA GRENOUILLE

QUI VEUT SE FAIRE AUSSI GROSSE QUE LE BOEUF

Une grenouille vit un bœuf
Qui lui sembla de belle taille.
Elle, qui n'était pas grosse en tout comme un œuf
Envieuse, s'étend, et s'enfle, et se travaille
Pour égaler l'animal en grosseur;
Disant : Regardez bien, ma sœur;
Est-ce assez ? dites-moi; n'y suis-je point encore ?

ANALYSE. — Une grenouille ayant vu un bœuf de belle taille voulut se rendre aussi grosse que lui. Elle s'enfla tant qu'elle creva.

CRITIQUE. — Cette fable, malgré sa brièveté, est bien jolie. La sottise de cette grenouille envieuse est finement dépeinte. Le poète établit par deux vers frappants le contraste qu'il y a entre le bœuf et la grenouille. Le bœuf était de *belle taille*, la grenouille *grosse en tout comme un œuf*. Que d'efforts pour devenir bœuf! Ces efforts sont habilement rendus dans ce vers que nous ne pouvons dire sans respirer deux ou trois fois :

Envieuse, s'étend, et s'enfle et se travaille.

Ecoutez encore le petit dialogue qui suit. Ses efforts haletants ne lui permettent guère de faire de longues phrases :

Nenni. — M'y voici donc ? — Point du tout. — M'y
[voilà ? —
Vous n'en approchez point. La chétive pécore
　　S'enfla si bien qu'elle creva.
Le monde est plein de gens qui ne sont pas plus sages :
Tout bourgeois veut bâtir comme les grands sei-
[gneurs ;
　　Tout petit prince a des ambassadeurs,
　　Tout marquis veut avoir des pages.

Est-ce assez ? — N'y suis-je point encore ? — M'y voici donc ? — M'y voilà ? — Cette sottise coûta la vie à la *chétive pécore :* elle s'enfla si bien qu'elle creva.

　　La morale est facile à déduire. Ne cherchons pas à nous élever au-dessus de notre condition : nous risquerions de tout perdre, même notre vie, comme la grenouille. Au temps de La Fontaine encore, les seigneurs et marquis avaient un genre de vie dispendieux, auquel bien peu de bourgeois pouvaient atteindre : c'était à peu près la seule différence qui existât entre ces deux classes. Aujourd'hui (et c'est un des plus beaux progrès des temps modernes) les titres nobiliaires n'exigent plus de semblables folies : le noble ne se sent plus guère obligé de vivre autrement que le bourgeois, et chacun mesure ses dépenses sur sa fortune. La fable de La Fontaine n'aurait-elle pas contribué tant soit peu à ce progrès, à ce rapprochement entre ces deux classes de la société ? .....

　　NOTES. — *Grenouille* (renoille en franc-comtois) vient de *ranunculus*, diminutif de rana.

　　Sembler et araître. — Il n'y a point de différence à faire pour le sens ntre ces deux mots.

S'étend, et s'enfle, et se travaille. — Il y a gradation entre ces trois mots : *S'étend* marque les premiers mouvements de la grenouille allongeant et disposant convenablement les différentes parties de son corps ; *s'enfle*, elle commence à se bouffir, à se gonfler ; *se travaille*, elle fait toutes sortes d'efforts pour arriver à ses fins.

Y dans n'*y* suis-je etc. ., m'*y* voilà, m'*y* voici, est adverbe et signifie le point de grosseur où la grenouille veut atteindre.

Nenni (*non illud?*) très-employé pour dire non.

Chétif. — On fait venir ce mot de *captivus*, prisonnier. Chétif signifie faible, misérable, épithètes qui conviennent assez à un prisonnier.

Pécore (*pecus*, troupeau) substantif féminin signifie : bête, animal.

Creva (lat. *crepare*). Ce verbe signifie se rompre, se briser par un excès de gonflement. Crever se conjugue avec *avoir* quand il marque une action et avec *être* quand il exprime un état : Le nuage a crevé, c'est-à-dire a fait l'action de s'entr'ouvrir ; le nuage est crevé : c'est un fait accompli ; on ne considère pas ici le fait dans le moment où il a lieu, mais dans la suite.

Bâtir, employé sans régime, se faire construire une maison.

Seigneur a pour étymologie *senior* comparatif de *senex*, vieillard ; le vieillard étant *plus vénérable* que les autres.

Ambassadeur, celui qui représente un souverain, une nation auprès d'une autre puissance.

Marquis était primitivement un officier royal chargé d'administrer et de protéger contre les étrangers les provinces frontières appelées jadis *marches*, d'où marquis.

Page, jeune noble qui servait dans une autre famille que la sienne pour recevoir l'éducation de la noblesse.

VII

LE RENARD, LE LOUP ET LE CHEVAL

Un renard jeune encor, quoique des plus madrés,
Vit le premier cheval qu'il eût vu de sa vie.
Il dit à certain loup, franc novice : Accourez,
    Un animal paît dans nos prés.
Beau, grand, j'en ai la vue toute ravie.
— Est-il plus fort que nous ? dit le loup en riant.
    Fais-moi son portrait, je te prie.
— Si j'étais quelque peintre ou quelque étudiant,
Repartit le renard, j'avancerais la joie
    Que vous aurez en le voyant.

ANALYSE. Un renard aperçoit dans une prairie un animal qu'il n'a jamais vu. Il en est tout ravi : aussi propose-t-il à un loup de venir avec lui demander à cet inconnu qui il est. Le loup accepte. On interroge le cheval. Celui-ci pressentant un danger, use de feinte. Il veut bien se faire connaître, mais son nom est écrit autour de son sabot : c'est là qu'il faut le chercher. Le renard se retire ; le loup plus crédule s'avance et reçoit une ruade qui lui brise la machoire. Méfions-nous des inconnus.

CRITIQUE. — L'action que nous peint La Fontaine est gaie, amusante. Nous suivons avec intérêt jusqu'à la fin tout ce qui se passe entre nos trois personnages. Les allures de ce jeune renard madré sont vives : elles font avec la grosse simplicité du loup un contraste piquant. Son lan-

Mais venez. Que sait-on? peut-être est-ce une proie
    Que la fortune nous envoie.
Ils vont; et le cheval, qu'à l'herbe on avait mis,
Assez peu curieux de semblables amis,
Fut presque sur le point d'enfiler la venelle.
— Seigneur, dit le renard, vos humbles serviteurs
Apprendraient volontiers comment on vous appelle.
Le cheval, qui n'était dépourvu de cervelle,

gage est charmant. Ecoutez-le : chaque mot nous fait faire une joyeuse réflexion : Un animal paît dans *nos* prés, dit-il au loup. Il décrirait bien cet animal s'il était *peintre* ou *étudiant*. D'ailleurs le loup aura plus de *joie* s'il n'est pas prévenu : la vue de cet animal sera pour lui une délicieuse surprise. Le renard est rusé, le loup simple et novice, le cheval prudent. Dès que celui-ci aperçoit ses deux visiteurs, il est tenté de prendre la fuite; mais il est sans doute trop tard. On s'aborde : *Vos humbles serviteurs,* dit le renard au cheval qu'il appelle *seigneur*. Cependant quand il s'agit d'aller lire au sabot du cheval, il prévoit quelque danger. Son excuse est comique : Il ne sait pas lire parce que

    « Ses parents ne l'ont point fait instruire. »

Pour le loup c'est autre chose : ses parents sont de *gros messieurs,* il est donc allé à l'école. Ce compliment fait perdre la tête au loup : il s'avance pour lire à la semelle du cheval. La ruade qu'il reçut alors fut le juste chatiment de sa vanité. Nous rions de la pittoresque expression dont se sert le renard pour dire la morale; il est aussi cruel que le cheval :

    Cet animal *vous a sur la machoire écrit*
    Que de tout inconnu le sage se méfie.

Leur dit : Lisez mon nom, vous le pouvez, messieurs ;
Mon cordonnier l'a mis autour de ma semelle.
Le renard s'excusa sur son peu de savoir :
Mes parents, reprit-il ne m'ont point fait instruire ;
Ils sont pauvres, et n'ont qu'un trou pour tout avoir ;
Ceux du loup, gros messieurs, l'ont fait apprendre à
[lire.
Le loup par ce discours flatté

NOTES. — *Renard* se disait au moyen-âge goulpil (*de vulpecula*). Le goulpil ayant figuré dans un roman sous le nom de Renard (nom propre) ce dernier lui est resté. — A goulpil se rattache *goupillon* parce que l'on aspergeait jadis avec une queue de renard.

Madré, adjectif, se dit du bois tacheté, puis, par extension, de tout ce qui est varié en couleurs ; et, au moral, de ceux qui ont beaucoup de moyens, de tours à leur disposition, de ceux qui sont rusés.

Novice, jeune personne qui se prépare à un ordre religieux. Par extension, simple, innocent, peu exercé, peu rusé.

Paître. — Ce verbe manque du passé défini et de l'imparfait du subjonctif qui sont usités dans repaître. Paître signifiant se nourrir de, manger, prend pour sujet le nom de l'animal et pour régime direct le nom de la nourriture : La chèvre paît l'herbe nouvelle.

J'avancerais la joie, c'est-à-dire je vous procurerais, je vous causerais dès ce moment la joie que vous éprouverez en voyant le cheval.

S'approcha. Mais sa vanité
Lui coûta quatre dents : le cheval lui desserre
Un coup; et haut le pied. Voilà mon loup par terre ;
Mal en point, sanglant et gâté.
Frère, dit le renard, ceci nous justifie
Ce que m'ont dit des gens d'esprit :
Cet animal vous a sur la machoire écrit
Que de tout inconnu le sage se méfie.

Enfiler la venelle. — Venelle, petite rue, n'est plus guère employé que dans cette expression : Enfiler la venelle : c'est-à-dire fuir à travers les ruelles.

Cordonnier. Cuir dans l'ancien français se disait cordouan, parce qu'il se préparait à Cordoue (Espagne). De là le mot cordonnier.

Peu curieux de semblables amis. Curieux se rattache par sa racine à *cure*, substantif féminin qui signifie soin, souci, (lat. *cura*). Ainsi le premier sens de curieux est : qui a soin de, qui se soucie de. Peu curieux de semblables amis signifie donc qu'il se souciait peu de voir de semblables amis.

S'excuser sur ou *de* se disent également. S'excuser sur, signifie rejeter la faute sur, — et s'excuser de, se dispenser de.

Coûter signifie ici être cause de la perte de. Le verbe coûter est neutre : il ne peut se mettre au passif. Les compléments qui le suivent ne sont qu'en apparence compléments directs. Ainsi jamais le participe coûté ne devra varier et l'on écrira : Les larmes que cette séparation m'a coûté. — Les quelques exemples d'accord que l'on peut trouver sont des licences qu'il ne faut pas imiter.

Desserrer, c'est-à-dire ici : appliquer, lancer.

Haut le pied est une ellipse de la phrase, il lève haut le pied pour s'enfuir, — c'est-à-dire : il s'enfuit.

A terre, par terre. — On peut faire entre ces deux locutions la distinction suivante : *A terre* se dit, au propre, de ce qui ne touchait pas le sol d'abord, et *par terre*, de ce qui se répand ou s'allonge sur le sol tout en le touchant déjà.

Mal en point, en mauvais état, de même que embonpoint (substantif) marque le bon état du corps.

Se défier et *se méfier*, ne pas se fier à, ne pas avoir confiance en, sont deux mots à peu près synonymes et s'emploient très bien l'un pour l'autre.

Défier signifie quelquefois provoquer à, et, comme provoquer, il se construit avec la préposition *à* : Je vous défie à jouer, c'est-à-dire, osez donc jouer avec moi. — Défier signifiant déclarer impossible prend la préposition de : Je vous défie de jouer, c'est-à-dire essayez de jouer, vous ne pourrez pas.

VIII

LES DEUX TAUREAUX ET LA GRENOUILLE

Deux taureaux combattaient à qui posséderait
    Une génisse avec l'empire.
    Une grenouille en soupirait.
        Qu'avez-vous ? se mit à lui dire
    Quelqu'un du peuple coassant.
    Et ne voyez-vous pas, dit-elle,
    Que la fin de cette querelle

ANALYSE. — Le taureau est le roi du troupeau. Deux taureaux s'étant rencontrés en un même lieu, il fallait savoir qui resterait maître de la place. On se battit. Une grenouille les considérait ; elle prévoit le danger qui allait en résulter pour toute sa race. Le taureau battu se retirerait dans les marécages où il écraserait maintes grenouilles.

CRITIQUE. — Qui croirait qu'une grenouille dût s'intéresser à la lutte des deux taureuax ? C'est pourtant ce qui arriva :

Une grenouille en *soupirait*.

Ce vers nous fait sourire ; mais écoutons. Les raisons de cette grenouille sont fort sages. Penser à ce taureau battu qui viendrait fouler la vase du marais et écraser dans ses demeures *le peuple coassant* est une *crainte de bon sens*. Comparez encore au destin de l'exilé le sort du vainqueur : Celui-ci aura l'*empire*, c'est-à-dire *régnera sur les campagnes fleuries*, sur l'*herbe des prairies*. N'est-il pas réellement roi ce taureau ? Tous nous l'avons déjà vu quelque

Sera l'exil de l'un; que l'autre, le chassant,
Le fera renoncer aux campagnes fleuries?
Il ne règnera plus sur l'herbe des prairies,
Viendra dans nos marais régner sur les roseaux;
Et, nous foulant aux pieds jusques au fond des eaux,
Tantôt l'une, et puis l'autre, il faudra qu'on pâtisse
Du combat qu'a causé madame la génisse.

part, au milieu d'un troupeau qu'il domine de ses formes puissantes et superbes. Et cette verte prairie, pleine de fraîcheur et d'ombre, n'est-ce pas un royaume digne d'un tel roi? Voilà ce que La Fontaine, qui savait voir, avait vu comme nous, mieux que nous, et voilà ce qu'il dépeint admirablement. Le vaincu au contraire

— Viendra dans les marais, régner sur les roseaux.

Ce vers rempli d'amertume nous ramène au sujet. Nous voyons déjà le taureau fugitif accomplissant dans les marécages son œuvre de destruction. La prévision de la grenouille s'est en effet réalisée :

— Le taureau en écrasait vingt par heure.

Pauvres grenouilles! Elles étaient pourtant bien étrangères à la querelle des deux taureaux! Il en est ainsi dans le monde : les grands ont des querelles dont souffrent les petits. Il faut retenir ces deux vers :

On voit que de tout temps
Les petits ont pâti des sottises des grands

Cette crainte était de bon sens.
L'un des taureaux, en leur demeure
S'alla cacher, à leurs dépens :
Il en écrasait vingt par heure.
Hélas! on voit que de tout temps
Les petits ont pâti des sottises des grands.

NOTES. — *Combattaient à qui.* Ellipse : pour savoir à qui (tour fréquent).

Posséderait, et plus loin *régnerait,* ne prennent pas l'accent grave au futur et au conditionnel, malgré l'*e* muet qui suit.

Peuple coassant désigne ici les animaux qui coassent, les grenouilles. Ne pas confondre coasser avec croasser, cri de corbeau. Coasser et croasser forment des onomatopées.

La fin de cette querelle sera l'exil de l'un, tour rapide. Quand la lutte sera terminée, l'un des taureaux sera obligé de fuir, le vainqueur exilera le vaincu.

Régner sur l'herbe des prairies, sur les roseaux, expressions pleines de grâce.

Fouler aux pieds, écraser sous ses pieds. Cette expression s'emploie très-souvent au figuré dans le sens de mépriser, ne faire aucun cas de.

Tantôt... et puis. La correction voudrait tantôt..... tantôt.

Jusque s'écrit quelquefois *jusques* en poésie, quand on ne veut pas élider *que* devant une voyelle. On dit aussi *jusques* en prose dans le style élevé.

Marais, mare, (du lat. *mare, mer*), eau stagnante. La mare est une petite flaque d'eau.

Pâtir, souffrir, d'où compatissant, participe présent de compâtir.

Bon sens, raison. Le vers signifie : c'est une crainte dictée en quelque sorte par la raison.

A leurs dépens, aux dépens des grenouilles qui *payaient* de leur vie la défaite du taureau.

IX

LE LOUP ET L'AGNEAU

La raison du plus fort est toujours la meilleure ;
    Nous l'allons montrer tout à l'heure.
    Un agneau se désaltérait
    Dans le courant d'une onde pure.
Un loup survient à jeun, qui cherchait aventure,
    Et que la faim en ces lieux attirait.
Qui te rend si hardi de troubler mon breuvage ?

ANALYSE. — Un loup rencontre au bord d'un ruisseau un agneau qui se désaltérait : c'est une proie qu'il ne laissera pas échapper. Pour cela il reproche à l'agneau de troubler son breuvage. L'agneau, il est vrai, n'a pas de peine à se justifier ; mais le loup est le plus fort et finit par avoir raison en emportant sa victime dans un bois pour la dévorer.

CRITIQUE. — Cette fable débute par la morale, et le petit récit du loup et de l'agneau ne vient que pour la développer et la confirmer. La Fontaine a dit : *La raison du plus fort est toujours la meilleure*. C'était vrai au temps de La Fontaine, c'est encore vrai aujourd'hui, et quand nous disons : *La force prime le droit*, — nous ne faisons que répéter le vers du poète. La narration est pleine de naturel ; elle forme un petit tableau que La Fontaine, ce semble, a dû copier dans un coin écarté d'une forêt. Rien de plus simple que ce début :

    Un agneau se désaltérait
    Dans le courant d'une onde pure.

Dit cet animal plein de rage :
Tu seras châtié de ta témérité.
— Sire, répond l'agneau, que votre majesté
Ne se mette pas en colère ;
Mais plutôt qu'elle considère
Que je me vas désaltérant
Dans le courant,
Plus de vingt pas au-dessous d'elle ;

Nous croyons sentir la fraîcheur de ce ruisseau ; mais nous n'en jouissons pas longtemps : *Un loup survient.* Le charme des premiers vers disparaît ; nous tremblons pour l'agneau. Ce loup est à jeun : il va droit au but. Nulle finesse, mais beaucoup de méchanceté :

— Qui te rend si hardi de troubler mon breuvage ?
Dit cet animal plein de rage :
Tu seras chatié.....

Un loup ne doit réellement pas y mettre plus de formes. L'agneau répond : quelle douceur dans son langage ! quelle timidité ! il appelle le loup *majesté* ; il le supplie de *ne pas se mettre en colère* ; il cherche à se laver d'un tort qu'il n'a pas. Hélas ! le pauvre petit animal est condamné d'avance. — Il ne trouble pas l'eau, soit ; mais il médit du loup l'an passé. — Il n'a pas pu ; il n'était pas né, *il tette encor sa mère.* Comme ces derniers mots sont touchants ! — C'est donc son frère. — Il n'en a pas. — Alors c'est quelqu'un des siens. — Tout ce dialogue est rapide, animé. Le loup est tout à fait odieux quand il s'écrie courroucé : *Il faut que je me venge.* Nous nous intéressons à ce petit agneau ; nous voudrions le secourir. Lorsque nous verrons dans la vie le fort écraser le faible, le loup dévorer l'agneau, souvenons-nous de cette belle fable.

Et que par conséquent, en aucune façon,
　Je ne puis troubler sa boisson.
— Tu la troubles ! reprit cette bête cruelle ;
Et je sais que de moi tu médis l'an passé.
— Comment l'aurais-je fait si je n'étais pas né ?
　Reprit l'agneau ; je tette encore ma mère. —
　— Si ce n'est toi c'est donc ton frère. —
— Je n'en ai point. — C'est donc quelqu'un des tiens ;
　Car vous ne m'épargnez guère,
　Vous, vos bergers et vos chiens.
On me l'a dit : il faut que je me venge.
　Là-dessus, au fond des forêts
　Le loup l'emporte, et puis le mange,
　Sans autre forme de procès.

NOTES. — *La meilleure*, celle qui l'emporte, celle que font prévaloir les forts contre les faibles.

Se désaltérer se dit des hommes et des animaux. *S'abreuver* se dit des animaux, quelquefois des hommes, mais en mauvaise part. *Abreuver* se dit bien des hommes au sens figuré : *Abreuver* quelqu'un d'outrages.

Qui, séparé de son antécédent (loup) : tournure fréquente au XVIIe siècle.

Chercher aventure, chercher quelque bonne rencontre.

Breuvage, boisson, a la même étymologie que boire qui se disait anciennement *bevre, beuvre*. (R a changé de place par métathèse).

Châtier, punir. — Un père *châtie* son fils pour le rendre meilleur ; un maître non-seulement *châtie* pour rendre meilleur, mais encore *punit* pour faire expier la faute commise. — Punir peut avoir pour régime direct le nom de la faute commise : Punir une faute, un crime.

Mais plutôt, mais il vaut mieux que.

Je vas, se dit pour *je vais ;* mais ce dernier est préférable.

Dessous (adverbe) et *au-dessous* (locution adverbiale) s'emploient sans régime. *Au-dessous* de (locution prépositive) a un régime.

Reprit, répondit, repartit, répliqua, continua sont synonymes.

Médire se conjugue comme dire, excepté : vous médisez pour vous mé-dites.

Guère, signifie beaucoup. Guère étant toujours employé avec une négation signifie donc : pas beaucoup, peu.

Berger, comme brebis a pour racine le latin *vervex,* ou *berbex,* mouton.

Là-dessus, c'est-à-dire après cela, aussitôt après.

Forêt, vaste lieu planté d'arbres, de grands arbres, d'arbres du pays ; *bois,* lieu grand ou petit planté d'arbres quelconques.

X

LA MORT ET LE BUCHERON

Un pauvre bûcheron tout couvert de ramée,
Sous le faix du fagot aussi bien que des ans,
Gémissant et courbé, marchait à pas pesants
Et tâchait de gagner sa chaumine enfumée.
Enfin, n'en pouvant plus d'effort et de douleur,
Il met bas son fagot, il songe à son malheur.
Quel plaisir a-t-il eu depuis qu'il est au monde?

ANALYSE. — Un pauvre bûcheron, courbé par l'âge, rapportait dans sa chaumière un fagot de ramée. En cheminant, il faisait d'amères réflexions sur sa vie misérable; il invoque la mort, il souhaite de mourir. La mort vient. Le vieillard, qui ne tient plus à mourir, lui demande simplement de l'aider à recharger son fagot.

CRITIQUE. — Cette fable est une belle leçon pour nous. Combien n'en voit-on pas qui, dans les moments difficiles de la vie, appellent la mort, comme le bûcheron ? C'est le signe d'une faiblesse insensée. Aucun de ces hommes désespérés ne voudrait réellement mourir si on lui en fournissait l'occasion. Tel fut ce bûcheron. Il devait être bien misérable, à lire ces deux vers :

— Sous le faix du fagot aussi bien que des ans,
Gémissant et courbé, marchait à pas pesants.

Quand il n'*en peut plus d'effort et de douleur*, il dépose son fagot, il *pense à son malheur*. Le vers de La Fontaine peint admirablement ce vieillard ; nous croyons le voir dans ce

En est-il un peu plus pauvre en la machine ronde ?
Point de pain quelquefois, et jamais de repos :
Sa femme, ses enfants, les soldats, les impôts,
Le créancier et la corvée
Lui font d'un malheureux la peinture achevée.
Il appelle la Mort. Elle vient sans tarder,
Lui demande ce qu'il faut faire.

moment. Cette misère est grande : le tableau en est douloureux :

— Point de pain quelquefois, et jamais de repos.

L'énumération qui suit, cet amas, je dirais volontiers cet entassement de substantifs rend bien l'accablement du bûcheron, et lorsqu'il invoque la Mort, nous croyons qu'il est réellement décidé à en finir avec la vie. Aussi sommes-nous surpris, quand il demande à celle qui devait mettre fin à ses maux de l'aider à recharger le fagot.

C'était une façon piquante de présenter la leçon qui termine la fable :

Plutôt souffrir que mourir:
C'est la devise des hommes.

NOTES. — *Bûcheron* se disait autrefois boscheron, puis bocheron. Rattachez ce mot à bosquet, bois, bocage (lat. *boscus*).

Ramée, branches entrelacées soit naturellement, comme on le voit dans les forêts, soit de main d'homme. On appelle encore *ramée* des branches coupées qu'on n'a pas dépouillées de leurs feuilles : c'est le sens qu'il a dans la fable.

Faix signifie poids, fardeau. On dit le poids, le faix, le fardeau des ans. C'est une image : les années courbent le corps de l'homme comme ferait un fardeau.

C'est, dit-il, afin de m'aider
A recharger ce bois ; tu ne tarderas guère.
Le trépas vient tout guérir ;
Mais ne bougeons d'où nous sommes :
Plutôt souffrir que mourir,
C'est la devise des hommes.

Gémissant et courbé, marchait à pas pesants; ce vers lourd exprime bien la lenteur du vieillard.

Chaumine, existait avant chaumière (Furetière), signifie, comme chaumière, une pauvre cabane de *chaume*.

N'en pouvoir plus, expression très-commune pour dire être à bout de force.

Machine ronde, ainsi employé absolument, désigne la terre.

Lui font d'un malheureux, etc... signifie qu'il réunit en lui toutes les misères, et que, lorsqu'il pense à lui-même, lorsqu'il repasse dans son esprit sa triste vie, il se fait ainsi une peinture qui est celle d'un homme excessivement malheureux.

Corvée était un service sans salaire imposé jadis aux pauvres paysans par le seigneur.

Tu ne tarderas guère, c'est-à-dire cela ne te retardera guère.

Guérir. — Mettre fin à un mal, n'est-ce pas le guérir ?

Mais ne bougeons d'où nous sommes. Restons en cette vie, dans notre état, quel qu'il soit.

Devise, petite phrase exprimant la pensée principale de quelqu'un, celle à laquelle on rapporte tout ce qu'on fait.

XI

CONSEIL TENU PAR LES RATS

Un chat nommé Rodilardus,
Faisait des rats telle déconfiture,
Que l'on n'en voyait presque plus,
Tant il en avait mis dedans la sépulutre.
Le peu qu'il en restait n'osant quitter son trou,
Ne trouvait à manger que le quart de son soû ;
Et Rodilard passait, chez la gent misérable,
Non pour un chat, mais pour un diable.

ANALYSE. — Un chat nommé Rodilardus avait croqué tant de rats qu'on n'en voyait presque plus dans la contrée. Ce chat fit un jour un voyage. Les rats profitèrent de son absence pour délibérer sur le moyen d'éviter dorénavant la griffe de Rodilardus. Le doyen des rats propose d'attacher un grelot au cou du chat. Tout le monde adopta l'avis du doyen, mais personne ne se trouva pour aller attacher le grelot.

CRITIQUE. — Les premiers vers de cette fable sont charmants. Ce chat Rodilardus (qui porte si bien son nom) doit être un redoutable guerrier — *Tant il a mis de rats dedans la sépulture.* Ce vers héroï-comique est admirable. La pénurie à laquelle les rats se voient réduits n'est pas moins bien exprimée. *Le peu qu'il en reste* ne mange même

Or, un jour qu'au haut et au loin
Le galant alla chercher femme,
Pendant tout le sabbat qu'il fit avec sa dame,
Le demeurant des rats tint chapitre en un coin
Sur la nécessité présente.
Dès l'abord, leur doyen, personne fort prudente,
Opina qu'il fallait, et plus tôt que plus tard,
Attacher un grelot au cou de Rodilard ;

plus *le quart de son soûl*. Ce chat est un diable vraiment, mais un diable qui est *galant* à son heure. Ne vous est-il jamais arrivé d'entendre, la nuit, les chats miaulant dans les greniers ou sur les toits? Ne trouvez-vous pas que ces miaulements ont une assez grande ressemblance avec l'idée que nous nous faisons d'un *sabbat* de sorcières? C'est une équipée nocturne de ce genre que faisait Rodilardus, quand les rats *tinrent chapitre — sur la nécessité présente.* Placez dans ce chapitre — *le doyen, personne fort prudente ;* voyez d'autre part, Rodilardus *allant en guerre;* relisez ce vers que chacun sait :

— Chacun fut de l'avis de monsieur le doyen,

et vous reconnaîtrez une fois de plus tout l'enjouement de l'esprit et du style de La Fontaine.

— La difficulté fut d'attacher le grelot

est encore un vers qu'on se plaît à citer dans l'occasion

Qu'ainsi, quand il irait en guerre,
De sa marche avertis, ils s'enfuiraient sous terre ;
Qu'il n'y avait que ce moyen.
Chacun fut de l'avis de monsieur le doyen :
Chose ne leur parut à tous plus salutaire.
La difficulté fut d'attacher le grelot.
L'un dit : je n'y vas point ; je ne suis pas si sot ;
L'autre : je ne saurais. Si bien que sans rien faire

Ces chapitres de moines et de chanoines auxquels le poète applique sa fable méritaient sans doute qu'on leur fît cette leçon, et Boileau, dans son *Lutrin*, nous apprend quel léger motif pouvait allumer la guerre dans les chapitres de ce temps. La morale est plus hardie : elle passe des moines à la cour des rois et dénonce ces courtisans qui ne sont que flatteurs, dont la langue est habile, mais le bras lâche et impuissant.

NOTES. — *Rodilardus,* qui ronge le lard (nom du chat).

Déconfiture, du verbe déconfire, (lat. *de conficere*) grande défaite, destruction, ruine.

Dedans, ne s'emploie plus avec un régime ; aujourd'hui on dirait : *dans*.

Le quart de son soûl. Cette expression est restée dans le langage populaire. Manger le quart de son soûl, c'est manger le quart de ce que demande l'appétit, le besoin.

Un diable, très-usité, se dit, au figuré, d'une personne turbulente, pétulante. On emploie aussi démon dans le même sens.

On se quitta. J'ai maints chapitres vus,
Qui pour néant se sont ainsi tenus;
Chapitres non de rats, mais chapitres de moines,
Voire chapitres de chanoines.
Ne faut-il que délibérer?
La cour en conseillers foisonne:
Est-il besoin d'exécuter?
L'on ne rencontre plus personne.

Sabbat, mot d'origine hébraïque, désigne chez les Juifs le jour consacré au repos (le samedi). Ce mot s'est appliqué au tumulte qui devait régner dans les assemblées de sorciers et de sorcières et a pris ainsi le sens regrettable de tumulte, confusion bruyante, etc...

Le demeurant, substantif qui signifie ce qui reste, ce qui n'a pas été détruit, égorgé.

Chapitre se dit d'une leçon faite pendant l'office divin; on a ensuite appliqué ce mot au lieu où l'on faisait cette leçon à des moines ou à des chanoines; puis chapitre a désigné la réunion religieuse à qui on lisait un chapitre, enfin une réunion quelconque. *Tenir chapitre* signifie donc: délibérer en assemblée.

Doyen, du latin *decamus*, dizenier, sous-officier qui commandait à dix soldats. Le doyen est donc celui qui est à la tête d'une petite corporation. Le doyen, aujourd'hui, est généralement, dans une corporation, le plus ancien ou le plus vieux. C'est pourquoi l'on dit quelquefois le doyen pour : le plus ancien, le plus vieux.

Opiner, dire son opinion.

Qu'il n'y savait. — Y signifie à cela, à cette chose, dans cette question.

Chose ne leur parut. — C'est-à-dire : Rien ne leur parut...

Sans rien faire, on ne se décida à rien, on ne prit aucune résolution.

Pour néant. — Pour ne rien faire.

Voire, (verè, vraiment) signifie aujourd'hui : même.

Foisonne, de foison, grande abondance ; d'où foisonner, abonder, être en abondance.

XII

L'HIRONDELLE ET LES PETITS OISEAUX

Une hirondelle en ses voyages
Avait beaucoup appris : Quiconque a beaucoup vu
Peut avoir beaucoup retenu.
Celle-ci prévoyait jusqu'aux moindres orages,
Et, devant qu'ils fussent éclos,
Les annonçait aux matelots.
Il arriva qu'au temps que la chanvre se sème,
Elle vit un manant en couvrir maints sillons.
Ceci ne me plaît pas, dit-elle aux oisillons :

ANALYSE. — Une prévoyante hirondelle engageait certains petits oiseaux à détruire la semence de chanvre qu'un paysan répandait dans son champ. C'était, leur disait-elle, pour eux une source de calamités, puisque le chanvre sert à faire les lacets qui prennent les petits oiseaux. Les oisillons n'en firent rien. Lorsque le chanvre devint vert, l'hirondelle renouvela ses instances ; même indifférence de la part des oiseaux. Elle ne se décourage pas et leur conseille de se bien cacher quand la récolte du chanvre sera faite. Cette fois les oisillons importunés refusent d'en entendre davantage. Ils s'en repentirent bientôt, car, quelque temps après, les lacets étaient tendus et maints oiseaux, furent retenus captifs.

Je vous plains ; car, pour moi, dans ce péril extrême
Je saurai m'éloigner et vivre en quelque coin.
Voyez-vous cette main qui par les airs chemine ?
   Un jour viendra qui n'est pas loin,
Que ce qu'elle répand sera votre ruine.
De là naîtront engins à vous envelopper,
   Et lacets pour vous attraper,
   Enfin mainte et mainte machine
   Qui causera dans la saison

CRITIQUE. — Voilà encore une fable bien gracieuse. — La sagesse de cette hirondelle fait, avec l'étourderie des oisillons, un contraste intéressant. La prudence est une qualité que doit en effet posséder l'hirondelle voyageuse, en vertu de ce vers :

   — Quiconque a beaucoup vu
  Peut avoir beaucoup retenu.

Notre hirondelle prévoyait donc *jusqu'aux moindres orages* et les *annonçait aux matelots*. Ces détails, qui sont d'une observation vulgaire, ont ici quelque chose de charmant. Ce n'est pas la moindre qualité de notre poète d'avoir su ainsi rendre belles les choses les plus communes. Le langage que l'hirondelle tient aux oisillons, en voyant le manant qui sème, est le langage même de la prévoyance et de la sagesse. Elle a même des expressions heureuses ; par exemple, elle rend ainsi le mouvement que fait le bras du semeur :

— Voyez-vous *cette main qui par les airs chemine ?*

Tout le petit discours qu'elle fait ensuite aux oisillons est plein de bon sens ; il a même une véritable péroraison.

Votre mort ou votre prison :
Gare la cage ou le chaudron !
C'est pourquoi, leur dit-elle,
Mangez ce grain, et croyez-moi.
Les oiseaux se moquèrent d'elle :
Ils trouvaient aux champs trop de quoi.
Quand la chenevière fut verte,
L'hirondelle leur dit : Arrachez brin à brin
Ce qu'a produit ce maudit grain,

— Gare la cage ou le chaudron !

. . . .
Mangez ce grain et croyez-moi.

Cela est expressif, vif, entraînant. Hélas ! elle s'adressait à des étourdis, sans souci du lendemain, qui

— Trouvaient aux champs trop de quoi.

L'hirondelle revient pourtant à la charge ; elle recommence en deux mots son premier discours :

— Arrachez brin à brin
Ce qu'a produit ce maudit grain
Ou soyez sûrs de votre perte.

Pour tous ces sages conseils, on se moque d'elle ;

— Prophète de malheur ! babillarde ! dit-on.

Et l'on ne fait rien. Cette indifférence en face du danger fait faire à l'hirondelle une triste réflexion :

— Ceci ne va pas bien :
Mauvaise graine est tôt venue

On a méprisé le premier moyen de salut qu'elle proposait, elle en offre un second : quand les gens

— Feront aux oisillons la guerre,

Ou soyez sûrs de votre perte.
Prophète de malheur ! babillarde ! dit-on,
Le bel emploi que tu nous donnes !
Il nous faudrait mille personnes
Pour éplucher tout le canton.
La chanvre étant tout à fait crue,
L'hirondelle ajouta : Ceci ne va pas bien ;
Mauvaise graine est tôt venue ;
Mais, puisque jusqu'ici l'on ne m'a crue en rien,

Que les oisillons se tiennent cachés ; et elle ajoute ce vers charmant :

— Ne volez plus de place en place,

vers qui peint si bien le vol capricieux de ces petits oiseaux que nous suivons souvent avec tant de plaisir. Enfin, les moissons faites, il resterait bien encore un moyen, ce serait de faire comme l'hirondelle, d'aller en d'autres climats ; mais ceci n'est point dans les mœurs de tous les oiseaux. Bref, tous ces conseils, toute cette sagesse, ne pouvaient plaire à ces oisillons imprudents, qui se mettent *à jaser confusément.* Mal leur en prit, et ce fut mérité.

Puissiez-vous, enfants, ne jamais ressembler à ces oisillons !

NOTES. — *Jusque* signifie souvent, comme ici, *et même.*

Eclore (lat. *ex cludere*) verbe défectueux qui se conjugue avec l'auxiliaire être.

Au temps que. Il faut dire aujourd'hui : *où.*

Chanvre est maintenant du genre masculin.

Manant (de manere) désigne un villageois, un paysan, et, par extension, tout homme grossier. Jadis, au moyen âge, c'était un paysan esclave de son seigneur, attaché aux terres, au *manoir* du maître.

Dès que vous verrez que la terre
Sera couverte, et qu'à leurs blés
Les gens n'étant plus occupés,
Feront aux oisillons la guerre ;
Quand reginglettes et réseaux
Attrapperont petits oiseaux,
Ne volez plus de place en place,
Demeurez au logis ou changez de climat :
Imitez le canard, la grue et la bécasse ;
Mais vous n'êtes pas en état

Cheminer, faire route, aller, marcher, (vient de *chemin*).

Un jour viendra qui..... que ce que. — Peu harmonieux ; à éviter.

Engin, par son étymologie (*ingenium*) signifie adresse, habileté. Ce mot se dit aujourd'hui des moyens ou instruments que fournit l'adresse, l'habileté, l'industrie : Engin de guerre.

A vous envelopper. — Destinés à vous prendre en vous enveloppant.

Lacets est un diminutif de *lacs* (ne pas prononcer le c dans ce dernier mot). Lacs et lacets désignent une certaine disposition de ficelles, de cordons pour arrêter et prendre le gibier. Les *rets* et les *filets* sont des tissus à mailles avec lesquels on prend aussi le poisson.

Attraper. — Remarquez que ce mot ne prend qu'un *p,* bien qu'il vienne de trappe qui en a deux.

Gare, impératif du verbe garer, est interjection.

Ou le chaudron, parce que nous prenons les oiseaux pour les mettre en cage ou les *faire cuire.*

Ils trouvaient aux champs trop de quoi, sous-entendez à

De passer comme nous les déserts et les ondes,
  Ni d'aller chercher d'autres mondes :
C'est pourquoi vous n'avez qu'un parti qui soit sûr :
C'est de vous renfermer aux trous de quelque mur.
  Les oisillons, las de l'entendre,
Se mirent à jaser aussi confusément
Que faisaient les Troyens quand la pauvre Cassandre
  Ouvrait la bouche seulement.
  Il en prit aux uns comme aux autres ;
Maint oisillon se vit esclave retenu.
Nous n'écoutons d'instincts que ceux qui sont les
    [nôtres,
Et ne croyons le mal que quand il est venu.

---

manger. Ils avaient bien assez à manger dans les champs sans cette semence de chanvre.

Chenevière, lieu où croît le chanvre ; — chènevis, graine de chanvre ; — chènevotte, chanvre dépouillé de son écorce.

Brin à brin, les brins (de chanvre) l'un après l'autre; se dit de toute tige menue, longue, ténue.

Maudit, funeste, qui fera beaucoup de mal.

Prophète de malheur ! Interjection souvent employée et qu'on applique à toute personne annonçant un accident, une catastrophe, un malheur, quand on espère le contraire.

Babillard, adjectif; qui dit beaucoup de paroles.

Eplucher, nettoyer une étoffe, un légume, etc...

Crue, participe passé du verbe *croître*. Ce verbe se conjugue avec être ou avoir, suivant qu'il exprime un état ou une action. Ne pas confondre avec crue (voyez un peu plus loin), participe passé de *croire*.

Reginglette. Instrument fort commun pour prendre les oiseaux ; il se compose d'une petite branche flexible, arquée au moyen d'une ficelle.

Réseaux, petits rets.

La grue, le canard et la bécasse sont des oiseaux de passage.

Parti, substantif masculin, signifie ici : résolution, détermination, moyen de se sauver.

Jaser et *babiller* se disent des hommes et des animaux.

Troyens, habitants de Troie, ancienne ville de l'Asie mineure prise et détruite par les Grecs après un siége de dix ans. Ce siége a été chanté dans l'*Iliade* par Homère.

Cassandre était fille du roi des Troyens Priam. Cassandre, aimée d'Apollon, reçut de ce dieu le don de prédire l'avenir, avec cette restriction que ses prédictions ne seraient jamais écoutées.

Il en prit, sous-entendu *mal*. Dans cette expression, *en* est explétif. On dit aussi : bien lui en a pris.

Instinct, mouvement intérieur qui nous porte à agir soit pour notre bien-être, soit sans que nous ayons de but. Dans ce dernier sens, l'instinct peut nous égarer. C'est dans ce cas qu'il est bon de se rappeler cette fable.

XIII

LES DEUX MULETS

Deux mulets cheminaient, l'un d'avoine chargé,
    L'autre portant l'argent de la gabelle.
Celui-ci glorieux d'une charge si belle,
N'eût voulu pour beaucoup en être soulagé.
    Il marchait d'un pas relevé,
    Et faisait sonner sa sonnette ;
    Quand l'ennemi se présentant,

ANALYSE. — Deux mulets cheminaient, l'un portant de l'avoine et l'autre l'argent de l'impôt sur le sel. Ce dernier était fier de son fardeau. Surviennent des voleurs qui, pour enlever le trésor, accablent de coups le baudet orgueilleux, tandis que son compagnon n'est nullement inquiété.

CRITIQUE. — Deux vers suffisent à La Fontaine pour nous mettre au courant du fait qu'il veut nous raconter. Point de long préambule : le poète garde tous ses développements pour les points qui demandent à être développés. Considérez l'âne qui porte la gabelle : il est vivant, nous le voyons marcher :

    Il marchait *d'un pas relevé*
    Et faisait *sonner sa sonnette.*

            Comme il en voulait à l'argent,
Sur le mulet du fisc une troupe se jette,
            Le saisit au frein et l'arrête.
            Le mulet en se défendant,
Se sent percer de coups ; il gémit, il soupire.
Est-ce donc là, dit-il, ce qu'on m'avait promis?

Relisez ce dernier vers : c'est la sonnette elle-même que vous croyez entendre : Comparez à cette peinture du glorieux mulet, les vers où nous le voyons assailli de coups : — *Se sent percer de coups ; il gémit, il soupire.* Quelle différence! autant les premiers vers sont allègres, autant ce dernier est languissant. La leçon que lui fait son compagnon est fort juste : non pas que l'on soit coupable pour avoir eu *un haut emploi*, mais on le devient si l'on tire vanité de sa position. Les deux derniers vers sont d'une franchise charmante :

— Si tu n'avais servi qu'un meunier comme moi,
      Tu ne serais pas si malade.

La morale de cette fable me rappelle ce vers d'un poète :
— Les grands pins sont en butte aux coups de la
[tempête,

vers qui a pour analogue dans cette fable celui-ci :

— Il n'est pas toujours bon d'avoir un haut emploi.

La pensée est la même avec des expressions différentes : le premier est du style élevé, le second du style simple.

NOTES. — *Mulet*, animal domestique qui tient du cheval et de l'âne. Le mulet, ayant la réputation d'être fort têtu, a donné lieu à ce proverbe : Têtu comme un mulet.

Ce mulet qui me suit du danger se retire,
Et moi, j'y tombe et je péris !
Ami, lui dit son camarade,
Il n'est pas toujours bon d'avoir un haut emploi ;
Si tu n'avais servi qu'un meunier, comme moi,
Tu ne serais pas si malade.

Gabelle, jadis impôt sur le sel. Les employés préposés à cet impôt s'appelaient *gabeleurs*, d'où le mot populaire *gabelou*, s'appliquant, en mauvaise part, à tous ceux qui ont des droits à prélever sur autrui.

Soulager, signifie au sens propre : débarrasser d'une partie d'un fardeau. Il est synonyme de *alléger* et a même racine que lui : (en latin ad-levare et sub-levare.)

D'un pas relevé, marche dans laquelle on lève le pied fort haut pour se donner de l'importance. Boileau à dit : *à pas comptés.*

Sonner sa sonnette, exemple d'harmonie imitative.

En vouloir à signifie : garder rancune à quelqu'un — avoir des prétentions sur quelqu'un en quelquechose — chercher quelqu'un, désirer rencontrer quelqu'un pour traiter une affaire, etc....

Fisc (latin Fiscus, petit panier) se dit du trésor du roi ou de l'Etat. A ce mot se rattachent *confisquer, confiscation*, etc....

Frein, on dit aussi et plus ordinairement : mors, ce qui se place dans la bouche d'un cheval pour le gouverner.

Meunier, qu'on écrivait jadis : *mulnier* a même origine que moulin, meule (en latin : mola-molinarius).

XIV

LA GÉNISSE, LA CHÈVRE ET LA BREBIS
EN SOCIÉTÉ AVEC LE LION

La Génisse, la Chèvre et leur sœur la Brebis,
Avec un fier Lion, seigneur du voisinage,
Firent société, dit-on, au temps jadis,
Et mirent en commun le gain et le dommage.
Dans les lacs de la chèvre un cerf se trouva pris :

ANALYSE. — Trois faibles animaux, la Génisse, la Chèvre et la Brebis font société avec le lion. Un cerf fut pris dans les lacs de la chèvre. Chacun des associés aurait dû avoir sa part; mais le lion garde tout pour lui et nul n'osa réclamer.

CRITIQUE. — Les quatres personnages qui figurent dans cette fable n'empêchent pas le sujet d'être fort simple. Seul le lion parle et agit, seul il attire notre attention : les autres le voient faire.

— C'était un fier lion, seigneur du voisinage. La société de ces quatre animaux est bizarre : ils ont beau — *mettre en commun le gain et le dommage ;* — le dommage ! Quel dommage peut supporter le lion ? Le gain au contraire sera tout pour lui. Voyez plutôt ce qu'il va advenir du cerf. Le lion, en lion qui s'y entend, commence par compter sur ses griffes, j'allais dire sur ses doigts, et il trouve sans erreur qu'il faut partager la proie en quatre portions, puisqu'i s sont quatre sociétaires. Pour qui sera la première part? Le lion se l'adjuge parce qu'il est *sire* et qu'il

60 FABLES.

Vers ses associés aussitôt elle envoie.
Eux venus, le lion par ses ongles compta,
Et dit : Nous sommes quatre à partager la proie.
Puis en autant de parts le cerf il dépeça;
Prit pour lui la première en qualité de sire.
— Elle doit être à moi, dit-il, et la raison,

---

s'appelle lion. — A cela l'on n'a rien à dire. — A qui sera dévolue la seconde part? A la chèvre qui a pris le cerf, pensez-vous. En vertu de quel droit voulez-vous que le lion la garde encore pour lui ? — Son droit, il va vous le dire : *c'est le droit du plus fort.* Et la troisième, que va-t-il en faire? — La garder encore : *il est le plus vaillant.* Quant à la dernière, il n'a plus de raison à donner; mais si quelqu'un y touche, il *l'étranglera tout d'abord.* Certes, voilà un *fier lion*, et, s'il est vrai qu'il agit comme faisaient jadis et sires et seigneurs, ne regrettons pas trop le bon vieux temps. C'est être bien méchant que d'abuser ainsi de sa force et de l'avouer effrontément. Je m'appelle lion, c'est-à-dire *je suis le plus fort.* — *Ce droit*, c'est le droit *du plus fort.* — Je suis le plus vaillant, c'est-à-dire encore *le plus fort.* — Enfin je l'étranglerai — toujours parce que je suis *le plus fort :* Pour la morale, rapprochez cette fable de celle du *Loup et l'Agneau.*

NOTES. — *Seigneur du voisinage* expression qui rappelle la féodalité. On sait quelle était au moyen âge la puissance du seigneur dans ses domaines.

Société signifie ici association. Ces deux mots indiquent une réunion dont les différents membres travaillent dans un but commun. Les sociétés et associations peuvent durer de longues années. Réunion et assemblée se disent de

> C'est que je m'appelle lion :
> A cela l'on a rien à dire.
> La seconde, par droit, me doit échoir encor :
> Ce droit, vous le savez, c'est le droit du plus fort.
> Comme le plus vaillant je prétends la troisième.
> Si quelqu'une de vous touche à la quatrième.
> Je l'étranglerai tout d'abord.

personnes qui se trouvent temporairement ensemble pour traiter une affaire ou une question quelconque.

Le *temps jadis,* de jadis, d'autrefois, passé.

Dommage. — Perte causée à quelqu'un.

Elle envoie, sans régime, est elliptique ; c'est pour : elle envoie quelqu'un prévenir, informer les associés. Après envoyer on met indifféremment un infinitif avec ou sans pour : *Envoyer.... dire,* ou bien : *envoyer..... pour dire.*

Eux venus, tournure appelée en latin *participe absolu,* parce que le nom (ici le pronom) ne joue aucun rôle dans la phrase. Il serait le sujet d'une proposition incidente : Lorsqu'*ils* furent venus.

Dépecer mettre en *pièces* (dé - pecer).

En qualité de, parce qu'il a la qualité de — On dit aussi : *un homme de qualité* à cause de la position, du rang, de la naissance, de la fortune, etc......

Et la raison. — Ellipse très-ordinaire, c'est-à-dire la raison de la chose que j'avance est que.....

Echoir (lat - ex - cadere) verbe défectueux, signifie être donné par le sort, être dévolu à.

Sire est le même mot que *Seigneur.* Dans le vieux français les substantifs avaient deux formes (reste de la décli-

naison latine) la forme sujet et la forme régime. Ainsi :
Sire au sujet et *Seignor* au régime ; *emperere* et *empereor*
(empereur) ; *suer* et *seror* (sœur) ; *rai* et *raion* (rayon) ;
etc.....

Vaillant, adj. qual., est l'ancien participe présent du verbe valoir. Par conséquent, dire qu'un homme est vaillant, c'est dire qu'il *vaut* beaucoup au point de vue guerrier. — *Vaillant* est aussi substantif et désigne le bien que l'on possède. Ce mot figure adverbialement dans cette expression : n'avoir pas un son *vaillant*, et d'autres semblables.

Prétendre, verbe actif, signifie : réclamer; exiger, aspirer à et aussi affirmer. Quand il signifie aspirer à, il peut, comme ce verbe, prendre un régime indirect avec *à*.

XV

L'ENFANT ET LE MAITRE D'ÉCOLE

Dans ce récit, je prétends faire voir
D'un certain sot la remontrance vaine.
Un jeune enfant dans l'eau se laissa choir
En badinant sur le bord de la Seine.
Le ciel permit qu'un saule se trouva
Dont le branchage après Dieu le sauva.

ANALYSE. — Un enfant étourdi s'était laissé tomber dans la Seine. Un maître d'école accourt à ses cris, mais avant de le retirer, il lui fait une longue remontrance.

CRITIQUE. — Le récit de La Fontaine a toutes les qualités que nous pouvons désirer. Quelle est la partie importante de la fable? C'est évidemment celle où il s'agit de montrer quelle fut la sottise du maître. Le poète va vous rapporter tout son discours; nous verrons même jusqu'à la lenteur de ses mouvements.

En effet, quand l'enfant a crié au secours :

> Le magister, se tournant à ses cris,
> D'un ton fort grave à contre-temps s'avise
> De le tancer....

Vous devez sentir que les vers ne vont pas plus vite que le magister. La harangue, au contraire, est vive ; on y sent un homme qui parle d'abondance : c'est une remonance qu'il a déjà dû répéter bien souvent. Quelques ter-

S'étant pris, dis-je, au branches de ce saule
Par cet endroit passe un maître d'école ;
L'enfant lui crie : Au secours ! je péris !
Le magister, se tournant à ses cris,
D'un ton fort grave à contre-temps s'avise
De le tancer : Oh ! le petit babouin !

mes sont un peu durs; mais ils perdent beaucoup de leur violence, étant adressés à un enfant. Avouons que cette petite leçon était méritée ; mais avouons aussi qu'elle eût mieux valu un peu plus tard. — Il y a des sots partout. Celui-ci fut un maître d'école. Dans la morale, La Fontaine semble avouer que la sottise est rarement le fait de ceux qui prennent soin de nos premiers ans. Le poète étend sa leçon à tout le monde :

— Je blâme ici plus de gens qu'on ne pense.

Puis il divise ses sots en trois catégories : les *babillards*, les *censeurs* et les *pédants*. Chacune de ces catégories est encore assez nombreuses pour que le poète puisse dire :

— Le Créateur en a béni l'engeance.

Enfin les deux derniers vers, sous forme d'apostrophe, sont de la morale en action. Nous pouvons les répéter à tout pédant qui nous en fournira l'occasion :

Eh ! mon ami, tire-moi de danger :
Tu feras après ta harangue.

NOTES. — *Choir*, tomber, est très-peu usité.

Badinant, formé de l'adjectif badin, signifie plaisanter, jouer.

Voyez, dit-il, où l'a mis sa sottise !
Et puis prenez de tels fripons le soin !
Que les parents sont malheureux qu'il faille
Toujours veiller à semblable canaille !
Qu'ils ont de maux ! et que je plains leur sort !
Ayant tout dit, il mit l'enfant à bord.

Bord, en général, la terre qui s'allonge le long de l'eau. La *côte* est un bord élevé. *Rive* et *rivage* sont d'un style plus soigné.

Permit qu'un saule se trouva. Après permettre que, il faut employer le subjonctif. La rime exigeait ici le passé défini : *sauva* au lieu de *sauvât*.

S'aviser de, avoir la pensée, la témérité, la sottise de.

Tancer, mot familier, signifie réprimander.

Babouin, espèce de singe. On l'emploie, comme ici, pour désigner un enfant étourdi, un bambin.

Prendre le soin de. On dit prendre soin de (sans article) pour : avoir soin de, veiller à.

Fripon, voleur qui emploie la ruse, d'où : enfant espiègle.

Canaille, autrefois *chiennaille,* vient de *canis,* chien. Ce mot est grossier : il désigne, généralement, la populace, un ramassis de gens sans aveu et méprisables. C'est en badinant que La Fontaine s'en sert ici.

A bord, ici sur le bord du fleuve. Ne pas confondre avec la locution ordinaire *à bord,* sur un navire.

Censeur, en général celui qui censure, qui blâme les actions d'autrui.

Pédant, se dit de tout homme qui, avec un mince talent

Je blâme ici plus de gens qu'on ne pense.
Tout babillard, tout censeur, tout pédant,
Se peut connaître au discours que j'avance.
Chacun des trois fait un peuple fort grand :
Le Créateur en a béni l'engeance.
En toute affaire ils ne font que songer
    Au moyen d'exercer leur langue.
Eh ! mon ami, tire-moi de danger ;
Tu feras après ta harangue.

---

se montre toujours satisfait, rempli de suffisance, toujours prêt à reprendre les autres. Ces gens-là sont malheureusement trop nombreux.

Avance, mettre en avant, dire, énoncer.

Engeance, race ; se prend surtout en mauvaise part.

Dieu en a béni l'engeance, c'est-à-dire que cette engeance, cette race se multiplie et prospère comme si Dieu l'avait bénie dans cette intention.

Béni, bénit. Ce dernier se dit de la bénédiction donnée par le prêtre : pain bénit, eau bénite. — Béni, de toutes les autres bénédictions : Une nation bénie de Dieu.

Exercer sa langue, se dit d'un homme qui cause beaucoup à la légère, qui babille, jase, etc....

Harangue, discours fait à un grand personnage, à une haute assemblée ; — discours quelconque ; — discours ennuyeux.

XVI

LA CHAUVE-SOURIS ET LES DEUX BELETTES

Une chauve-souris donna tête baissée
Dans un nid de belette; et, sitôt qu'elle y fut,
L'autre, envers les souris de longtemps courroucée,
Pour la dévorer accourut.

ANALYSE. — Un jour une chauve-souris entra en aveugle dans un nid de belette. Celle-ci, qui nourrissait une vieille rancune contre les souris, crut avoir affaire à l'une d'elles et voulut se venger. La chauve-souris montra ses ailes et se fit passer pour oiseau. Deux jours après notre étourdie se fourra chez une autre belette qui en voulait aux oiseaux. La chauve-souris se donne cette fois pour souris et se sauve de nouveau.

CRITIQUE. — Cette fable se compose de deux petites scènes animées que nous allons examiner. Suivons d'abord la chauve-souris chez la première belette. Dans cette demi-lumière qui n'est plus le jour, mais qui n'est pas encore la nuit, une chauve-souris se livre aux capricieux ébats que nous savons. Aveuglée par les dernières lueurs du jour, elle trace dans les airs ses innombrables zig-zags, quand tout-à-coup notre folle se trouve dans la demeure d'une belette où elle avait *donné tête baissée*. La belette accourt : elle va donc pouvoir se venger. Déjà elle ne contient plus sa colère :

— Quoi ! vous osez, dit-elle, à mes yeux vous pro-
[duire,
Après que votre race a tâché de me nuire !
N'êtes-vous pas souris ? Parlez sans fiction.
Oui, vous l'êtes; ou bien je ne suis pas belette.
Pardonnez-moi, dit la pauvrette,

Quoi ! vous osez...? etc... Cependant elle a un scrupule :

N'êtes-vous pas souris? Parlez sans fiction.
Oui, vous l'êtes; ou bien je ne suis pas belette.

Voilà un langage qui n'admet guère de réplique. Mais à force de douceur et d'humilité, la *pauvrette* se fait écouter :

Moi, souris ! des méchants vous ont dit ces nou-
[velles.

Et, sans perdre de temps, elle prouve sa qualité d'oiseau. Enfin elle achève de convaincre *dame belette* par cette exclamation enthousiaste :

— Vive la gent qui fend les airs !

Il y a dans tout ce petit plaidoyer de la chauve-souris une adresse admirable : c'est de la bonne rhétorique. Le vers qui suit résume très-bien les deux parties du discours :

Sa raison *plut* et *sembla bonne*.

Voilà donc notre chauve-souris en liberté.
La deuxième scène commence par un récit rapide,

> Ce n'est pas ma profession.
> Moi, souris ! des méchants vous ont dit ces nou-
> Grâce à l'auteur de l'univers,   [velles.
> Je suis oiseau ; voyez mes ailes :
> Vive la gent qui fend les airs !

abondant en expressions charmantes. Comme ces mots : *Aveuglément se va fourrer*, peignent bien le vol insensé de notre mammifère ailé ! — *La voilà derechef*, etc...., La Fontaine ne nous laisse pas respirer : sa narration court et nous entraine. Une foule de mots heureux qui sont autant d'images jolies passent devant nos yeux sans que nous ayons le temps de nous y arrêter :

> *La dame du logis, avec son long museau*
> *S'en allait la croquer, en qualité d'oiseau.*

Plus on considère ces expressions, plus on est charmé : nous ne lisons pas, nous voyons. La chauve-souris, que l'on prend cette fois pour un oiseau, n'a que le temps de se récrier. Elle garde tout son sang-froid et se montre indignée de la méprise dont elle est l'objet : *C'est lui faire outrage*. Sa défense n'est pas moins habile que la première fois :

> — Moi, pour telle passer ! vous n'y regardez pas !

Ces derniers mots, si simples, doivent produire sur la belette beaucoup d'effet par la manière moitié sérieuse, moitié plaisante dont ils sont prononcés. Elle a donc de nouveau gain de cause et quand elle a ainsi prouvé sa nationalité, elle lance ce cri de patriotisme :

> — Jupiter confonde les chats !

qui ne laisse plus de doute dans *l'esprit* de la belette.

Sa raison plut et sembla bonne.
Elle fait si bien qu'on lui donne
Liberté de se retirer.
Deux jours après, notre étourdie
Aveuglément se va fourrer

———

Ces deux belettes, dont l'une croque les souris et l'autre les oiseaux, représentent ces grandes divisions que les opinions politiques, religieuses, etc., établissent parmi les hommes. Quand un parti triomphe, il fait des victimes dans le parti contraire. Des hommes adroits, mais peu estimables, réussissent à se maintenir, comme la chauve-souris, en acclamant toujours celui des deux partis qui triomphe :

Vive le Roi ! vive la Ligue !

Ne faisons pas comme la chauve-souris, ne donnons pas tête baissée dans le danger. Gardons le silence tant que nous pouvons sans nuire à notre dignité d'homme ; et quand le silence n'est pas ou n'est plus possible, ayons pour devise ce mot célèbre : *Tout est perdu, fors l'honneur.*

NOTES. — *Chauve-souris*, ainsi appelée sans doute parce qu'elle n'a pas de plumes.

Donner tête baissée. Donner a souvent le sens de : heurter contre, prendre part à, s'engager dans. *Tête baissée* forme une locution adverbiale qui a deux sens distincts : hardiment et étourdiment. *Donna tête baissée* signifie ici : entra étourdiment dans.

Courroux, colère. Ces deux mots sont synonymes. La seule différence est que colère s'emploie dans tous les genres de style, tandis que courroux ne s'emploie que dans le style élevé.

Chez une autre belette aux oiseaux ennemie
La voilà derechef en danger de sa vie.
La dame du logis, avec son long museau,
S'en allait la croquer en qualité d'oiseau,
Quand elle protesta qu'on lui faisait outrage.

Vous produire, vous montrer. On dit : se produire dans le monde, pour : aller dans le monde et s'y faire avantageusement connaître.

Fiction, (lat. fingere, fictum) chose supposée, inventée, fable ; ici feinte. Sans fiction, c'est-à-dire : sans feinte, sans tromper, sans mentir.

Tâcher, faire des efforts pour. On ne doit pas dire : Tâcher *que*. Il n'y a pas de différence entre tâcher *à* et *de*.

Pardonner est un verbe actif ; mais il ne faut jamais lui donner pour complément direct un nom de personne. On pardonne quelque chose — et : on pardonne *à* quelqu'un et non quelqu'un.

Pauvrette, féminin de pauvret, diminutif de pauvre.

Profession et métier, s'emploient quelquefois d'une manière plaisante comme synonymes de qualité, nature, espèce (animale).

Méchant s'écrivait autrefois *meschéant* : *mes*, mal, et *chéant*, participe présent de choir, qui cause du mal.

Oiseau. Les anciennes formes de ce mot dans notre langue permettent de le rattacher à *avis*, par l'intermédiaire du diminutif *avicellus*, en vieux français : oisel.

Fendre se dit très-bien d'un oiseau dont le vol fend les airs, comme du vaisseau qui fend les flots.

— Moi, pour telle passer ! Vous n'y regardez pas.
Qui fait l'oiseau ? C'est le plumage.
Je suis souris, vivent les rats !
Jupiter confonde les chats !
Par cette adroite repartie

' *Elle fait si bien que,* locution fort en usage, signifie : employer tous ses moyens pour atteindre un but.

Notre étourdie. Remarquez cet adjectif *notre* pour dire, l'étourdie dont nous nous occupons.

Ennemi (in amicus, non ami). Ennemi *à*, est un latinisme : il faut dire ennemi de.

Derechef, une seconde fois. de nouveau.

Croquer, au sens propre, signifie manger en faisant un certain bruit : croquer du sucre. Par extension . manger: dévorer.

Protester signifie ici : déclarer fortement, solennellement.

Outrage, du latin ultra, outre ; l'outrage étant un acte qui *outre passe* les bornes des convenances, de l'honnête, etc.

Qui fait? pour : quelle chose, qu'est-ce qui fait (quid) ?

Vivent les rats et plus haut *vive la gent.* Remarquez que ces impératifs varient suivant que le sujet est au singulier ou au pluriel.

Jupiter, que La Fontaine appelle aussi *Jupin,* était le souverain des dieux et des hommes dans la mythologie païenne. Il succédait à Uranus et à Saturns.

Confondre, réduire à l'impuissance, ruiner, détruire.

Elle sauva deux fois sa vie.
Plusieurs se sont trouvés qui, d'écharpe chan-
[geants,
Aux dangers, ainsi qu'elle, ont souvent fait la figure.
Le Sage dit, selon les gens :
Vive le Roi ! vive la Ligue !

Repartie, substantif féminin, réponse, réplique.

D'écharpe changeants. L'écharpe était jadis le signe du parti, comme aujourd'hui la cocarde. Changer d'écharpe c'était se revêtir de l'écharpe d'un autre parti, changer de parti. *Changeant* ici est participe présent et n'aurait pas dû prendre la marque du pluriel.

Faire la figue, braver, mépriser. L'origine de cette expression est singulière. Frédéric Barberousse ayant à se venger des Milanais les obligea, sous peine de mort, à prendre l'un après l'autre avec leurs dents une figue à certaine partie du corps d'une mule, que je vous laisse deviner. On répéta ironiquement cette expression aux Milanais : *far la fica*, pour les braver, les mépriser.

Le sage, c'est-à-dire l'homme pour qui l'honneur n'est rien, qui ne songe qu'à vivre et à jouir sans relâche.

Vive le roi, vive la Ligue. La Ligue fut une révolte, une ligue des seigneurs français contre Louis XI. Il y avait en présence le parti du roi et le parti des seigneurs. Les succès étaient partagés et toujours suivis de représailles. Ceux qui ne voulaient courir aucun danger se ralliaient toujours au parti vainqueur en criant : Vive le roi, quand le roi triomphait, et : Vive la ligue, quand la ligue avait le dessus.

Il y eut d'autres ligues, entre autres sous Henri III.

XVII

LE LION ET LE RAT

Il faut, autant qu'on peut, obliger tout le monde :
On a souvent besoin d'un plus petit que soi.
De cette vérité deux fables feront foi,
    Tant la chose en preuves abonde.
    Entre les pattes d'un lion,
Un rat sortit de terre assez à l'étourdie.

ANALYSE. — Un rat sort de terre entre les pattes d'un lion. Le lion eût pu l'écraser : il le laissa vivre. Quelque temps après, notre lion fut pris dans des rets. Le rat accourt, ronge les mailles et met le lion en liberté.

CRITIQUE. — Cette fable nous donne un bel exemple de reconnaissance. La conduite de ce rat fut réellement digne d'éloge et le poète a raison de nous dire au début :

Il faut, autant qu'on peut, obliger tout le monde :

La fable tout entière est en récit ; mais c'est un de ces récits que La Fontaine seul savait faire : pas un mot à retrancher, pas un mot à ajouter. Il y a deux parties bien distinctes. Quatre vers suffisent pour la première, et, dans ces quatre vers, le poète trace un petit tableau achevé dans lequel nous voyons d'un côté un rat sortant *à l'étourdie* entre les pattes d'un lion ; d'un autre côté le lion, ce *roi des animaux*, accordant avec une générosité toute royale la vie sauve au petit animal. Les vers qui suivent sont une transition : ils lient la deuxième partie

Le roi des animaux, en cette occasion,
Montra ce qu'il était et lui donna la vie.
   Ce bienfait ne fut pas perdu.
   Quelqu'un aurait-il jamais cru
   Qu'un lion d'un rat eût affaire ?
Cependant il avint, qu'au sortir des forêts

à la première. Le deuxième tableau a cinq vers. Comme le premier, il satisfait pleinement notre imagination. Nous voyons le lion dans des rets, nous l'entendons pousser des rugissements de rage, et, à côté de lui, est ce petit rat rongeant patiemment la maille qui, rompue, va permettre au lion d'enlever tout le reste. La Fontaine a vu une deuxième morale : il ne veut pas nous en priver. N'est-ce pas un beau contraste que ce petit rat faisant avec un peu de patience ce que le lion ne pouvait faire avec toute sa puissance et toute sa colère. Avis aux caractères emportés : on se trouve en présence d'une difficulté, on s'impatiente, on se décourage, on se figure que la surmonter est impossible. Erreur ! mettons en pratique le conseil de La Fontaine :

   Patience et longueur de temps
   Font plus que force ni que rage.

NOTES. — *Obliger quelqu'un*, être obligeant, rendre service à quelqu'un. D'où : je suis votre obligé, c'est-à-dire : je vous sais gré des services que vous m'avez rendus.

On ..... soi. Il faut avoir soin de n'employer *soi* qu'avec un sujet indéterminé, *on, chacun*, ou un nom de chose.

Ce lion fut pris dans des rets,
Dont ses rugissements ne le purent défaire.
Sire rat accourut et fit tant par ses dents,
Qu'une maille rongée emporta tout l'ouvrage.
Patience et longueur de temps
Font plus que force ni que rage.

Faire foi, attester, témoigner, prouver.

A l'étourdie, locution adverbiale : d'une manière étourdie.

Le roi des animaux, périphrase pour désigner le lion.

Montra ce qu'il était, phrase emphatique pour nous montrer combien le lion fut généreux.

Ce bienfait ne fut pas perdu. Il y a dans cette phrase une comparaison. Un bienfait, c'est, si l'on veut, un capital placé à intérêts ; c'est une semence confiée à la terre et qui nous donnera des fruits plus tard. Ainsi le bienfait fructifie, d'abord par la reconnaissance qu'il fait naître dans le cœur de l'obligé ; ensuite parce qu'il peut nous arriver d'avoir un jour besoin des services de ceux à qui nous aurons fait du bien.

Eût affaire. La locution *avoir affaire de* dans le sens de : avoir besoin de, était très-usitée au xviie siècle.

Il avint (advenit) : il arriva, il advint.

Emporta, détruisit tout l'ouvrage.

XVIII

LA COLOMBE ET LA FOURMI

L'autre exemple est tiré d'animaux plus petits.
Le long d'un clair ruisseau buvait une colombe,
Quand sur l'eau se penchant une fourmis y tombe;
Et dans cet océan l'on eût vu la fourmis
S'efforcer, mais en vain, de regagner la rive.

ANALYSE.— Une colombe avait vu tomber dans l'eau une fourmi. Elle en eut pitié et lui jeta un brin d'herbe, épave sur laquelle la fourmi put se sauver. Au même instant passe un chasseur qui menaçait déjà la colombe de sa flèche meurtrière, quand la fourmi vint le piquer au talon. Le croquant se retourne, fait du bruit, et la colombe, ainsi avertie, eut le temps de disparaître.

CRITIQUE. — Cette fable est analogue à celle qui précède : la colombe fut généreuse envers la fourmi comme le lion l'avait été envers le rat ; et, comme le rat, la fourmi se montre reconnaissante. Ici encore La Fontaine se contente de raconter ; son récit a quelque chose de doux et d'attachant. Ce premier vers

Le long d'un clair ruisseau buvait une colombe

nous offre, tout simple qu'il est, une image fraîche et riante. Cette petite scène va devenir animée par l'accident de la fourmi :

Quant sur l'eau se penchant une fourmis y tombe.

La colombe aussitôt usa de charité :
Un brin d'herbe dans l'eau par elle étant jeté,
Ce fut un promontoire où la fourmis arrive.
  Elle se sauve. Et là-dessus
Passe un certain croquant qui marchait les pieds
[nus ;
Ce croquant, par hasard, avait une arbalète.
  Dès qu'il voit l'oiseau de Vénus,

Nous croyons voir et entendre la chute de cette fourmi. Sans exagérer, ne peut-on pas dire qu'il y a après le premier hémistiche une *suspension* qui nous montre en quelque sorte la fourmi *suspendue* au-dessus de l'eau ? Le deuxième hémistiche au contraire se termine, pour la prononciation, par un monsyllabe — *tombe* — avec lequel la voix fait une *chute* qui rappelle la chute de la fourmi. Voilà donc la fourmi nageant dans le ruisseau, dans un *océan*, dit le poète avec grâce. La colombe use de charité. Remarquons en passant avec quelle habileté La Fontaine choisit ses expressions : il fait le lion *magnanime* (montra ce qu'il était !); il donne à la colombe de la *charité*. La magnanimité convenait à la royale puissance du lion, comme la charité sied à la timidité d'une douce et candide colombe. Enfin la fourmi gagne son *promontoire* improvisé. Sa reconnaissance n'attendit pas longtemps l'occasion d'éclater. Voici venir un *certain croquant, pieds nus, avec une arbalète*. Nous craignons pour cette colombe que le poète nous avait rendue chère, nous la plaignons, nous maudissons ce vilain dont la flèche va partir, quand :

La fourmis le pique au talon.

Il le croit en son pot et déjà lui fait fête.
Tandis qu'à le tuer mon villageois s'apprête,
　　La fourmis le pique au talon.
　　Le vilain retourne la tête :
La colombe l'entend, part et tire de long.
Le soupé du croquant avec elle s'envole :
　　Point de pigeon pour une obole.

On comprend comment cela sauva *l'oiseau de Vénus*. Le poète termine sa fable par quelques vers moqueurs à l'adresse du manant : il devait en effet être heureux comme nous de voir sa colombe hors de danger.

NOTES. — *Fourmi*. C'est par licence et pour éviter un hiatus que La Fontaine a écrit fourmis au singulier.

Océan se dit (avec un O majuscule) de la vaste étendue d'eau qui couvre les trois quarts du globe, et (sans majuscule) des différentes parties de l'Océan (Atlantique, Pacifique). Voltaire a dit au féminin : la mer *océane*.

Promontoire, pro, en avant, et mons, montagne) montagne qui avance dans la mer, cap.

Croquant. Ce nom s'appliqua, sous Henri IV, à des paysans de Guienne révoltés. Aujourd'hui on appelle croquant un pauvre hère, un homme de rien.

Pieds nus. Nu placé après le substantif est variable : pieds nus. Placé avant il reste invariable et se joint au substantif par un trait d'union : nu-pieds, nu-tête.

Arbalète (arcus, arc et Βάλλειν, lancer). C'est une arme qui sert à lancer une flèche, un trait.

L'oiseau de Vénus. Chez les anciens, la colombe était consacrée à Vénus, déesse de la beauté.

Faire fête à quelqu'un, c'est le choyer, lui faire bon accueil. Le manant aurait été heureux d'introduire le pigeon dans sa cuisine.

Vilain. On appelait vilain au moyen-âge les gens de condition pauvre, les serfs. Vilain vient de villa, habitation à la campagne. On appelle quelquefois aujourd'hui du nom de vilain un homme rustre, grossier.

Tire de long, pour dire : prendre la fuite, est une expression familière.

Soupé. On écrit soupé ou souper, et diner ou diné.

Obole. ancienne monnaie française de peu de valeur.

Point de pigeon pour une obole, signifie que le croquant n'eut pas pour une obole, pour un liard de pigeon, n'eut pas le pigeon.

XIX

LA LICE ET SA COMPAGNE

Une lice étant sur son terme,
Et ne sachant où mettre un fardeau si pressant,
Fait si bien qu'à la fin sa compagne consent
De lui prêter sa hutte, où la lice s'enferme.
Au bout de quelque temps sa compagne revient.

ANALYSE. — Une lice près de mettre au monde des petits, pria sa voisine de lui prêter sa hutte. Au bout de quelque temps la voisine vient réclamer son logis. La lice demande encore quinze jours. Les quinze jours écoulés, la voisine revient. La lice, dont les petits sont devenus grands et forts, refuse de sortir : elle sait qu'on ne pourra pas la mettre dehors.

CRITIQUE. — Nous avons vu précédemment des exemples de reconnaissance ; le poète nous peint ici le vice contraire, l'ingratitude. Cette lice charitable, qui abandonne sa hutte à sa voisine, montre une obligeance bien louable. Nous l'admirons davantage quand elle cède une seconde fois aux instances de la jeune mère. Celle-ci joue adroitement son rôle perfide :

Ses petits ne marchaient, disait-elle, qu'à peine.

Nous nous serions tous laissé prendre à ces touchantes paroles. La bonne voisine vient derechef et redemande

Sa maison, sa chambre, son lit.

La lice lui demande encore une quinzaine ;
Ses petits ne marchaient, disait-elle, qu'à peine.
Pour faire court, elle l'obtient.
Ce second terme échu, l'autre lui redemande
Sa maison, sa chambre, son lit.

C'était tout pour elle; elle ne possédait pas autre chose. Le sacrifice qu'elle avait fait pendant plusieurs jours devait suffire. L'autre *montre les dents*. Sa méchanceté éclate avec son arrogance : Je suis prête à sortir, dit-elle, avec toute ma bande,

Si vous pouvez nous mettre hors,

Et le poète ajoute cette inutile mais malicieuse explication :

Ses enfants étaient déjà forts.

La morale commence par un vers qui est malheureusement trop vrai :

Ce qu'on donne aux méchants toujours on le re-
[grette.

Les vers qui suivent nous montrent à quelles conséquences fâcheuses peut nous entraîner notre bonté, quand elle s'exerce au profit des méchants. Les deux derniers vers, en résumant la fable, nous donnent un avis qu'il est bon de ne pas oublier :

Laissez-leur prendre un pied chez vous,
Ils en auront bientôt pris quatre.

La lice cette fois montre les dents et dit :
Je suis prête à sortir avec toute ma bande,
　　Si vous pouvez nous mettre hors.
　　Ses enfants étaient déjà forts.
Ce qu'on donne aux méchants toujours on le re-
　　　　　　　　　　　　　　　　　　　　[grette :

NOTES. — *Lice*, femelle d'un chien de chasse. Ne pas confondre avec *lice*, aussi substantif féminin et désignant un lieu enclos préparé pour la course, la lutte, etc.

Sur son terme, c'est-à-dire vers la fin de sa grossesse, elle allait mettre bas.

Un fardeau si pressant, dont elle était pressée de se débarrasser.

Fait si bien, fait tant ..... que. Expressions familières.

Consent de. On dit ordinairement *consent à*, mais consentir *de* n'a rien d'irrégulier.

Hutte, cabane, chaumière. La *hutte* est la plus misérable. Les sauvages ont des huttes. Les charbonniers, les bûcherons ont des huttes dans les forêts. — La *cabane* est une pauvre habitation, mais déjà préférable à la hutte. — La *chaumière* est une petite habitation couverte de chaume, comme on en voit beaucoup dans les campagnes. La chaumière est sans doute une demeure modeste, mais la misère peut très-bien ne pas y régner.

Lui demande une quinzaine, lui demande un délai de quinze jours.

Faire court, on dit ordinairement *couper court*, c'est-à-dire abréger, terminer brusquement une discussion.

Montrer les dents. Cette expression est prise ici dans

Pour tirer d'eux ce qu'on leur prête
Il faut que l'on en vienne aux coups ;
Il faut plaider, il faut combattre.
Laissez leur prendre un pied chez vous.
Ils en auront bientôt pris quatre.

son sens propre, un chien montrant réellement les dents quand il veut aboyer ou mordre. Au sens figuré et en parlant des personnes, montrer les dents à quelqu'un signifie parler avec sévérité, témoigner du mécontentement à quelqu'un.

Bande a deux sens distincts : 1° Toute surface longue et étroite ; 2° Troupe, réunion d'individus. C'est le même mot. Le deuxième sens lui est venu de ce que bande, dans le haut allemand, a signifié drapeau, puis la troupe que ralliait ce drapeau.

Prête à signifie disposée à ; *près de*, sur le point de. Dans le premier cas, *prêt* est adjectif et varie. Dans le deuxième, *près* est préposition, mot invariable.

Hors, adverbe, pour *dehors*, qui s'emploie de préférence aujourd'hui.

En venir aux coups, en être réduit à se battre.

Plaider, pour un avocat, c'est soutenir une cause en justice ; pour un particulier, ce mot signifie, comme ici, faire plaider, être en procès.

Prendre un pied. Le mot pied est ici pris dans le sens de mesure. Vous accordez à quelqu'un un pied de terrain, on arrive, par des empiétements insensibles, à vous en prendre quatre. Au figuré : vous vous êtes montré indulgent une fois, on abuse ensuite de votre indulgence, etc.

XX

LE LION ET LE MOUCHERON

Va-t'en, chétif insecte, excrément de la terre !
C'est en en ces mots que le lion
Parlait un jour au moucheron.

ANALYSE. — Un moucheron osa attaquer un lion. Celui-ci, furieux de ne pouvoir saisir son adversaire, s'épuise en vains efforts. Le moucheron se retire fier de sa victoire, quand il se prend à une toile d'araignée où il périt misérablement.

CRITIQUE. — Sur cette simple donnée La Fontaine a tracé un de ses plus magnifiques tableaux. Il nous décrit avec un luxe surprenant cette lutte incroyable d'un moucheron contre un lion. On a dit avec raison que les fables de La Fontaine sont de petites comédies qui se déroulent sous nos yeux : nous sommes vraiment spectateurs. Ecoutons un peu la querelle qui précède la lutte :

Va-t'en, chétif insecte, excrément de la terre !

s'écrie le lion, et cette entrée en matière est en effet digne du théâtre. Les termes dont se sert le lion ravalent ce pauvre insecte : mais la victoire du moucheron en sera plus grande.

L'autre lui déclara la guerre.

Ainsi l'insecte ne veut pas recourir à la ruse, et nous

L'autre lui déclara la guerre :
Penses-tu, lui dit-il, que ton titre de roi
Me fasse peur ni me soucie ?
Un bœuf est plus puissant que toi ;
Je le mène à ma fantaisie.

---

ririons de l'outrecuidance de cet animalcule, s'il ne se hâtait de justifier son audace :

Un bœuf est plus puissant que toi ;
Je le mène à ma fantaisie.

La bataille s'engage, car c'est une véritable bataille. N'entendez-vous pas ce moucheron *sonnant la charge* avec son bourdonnement ? Et ce vers :

Fut le trompette et le héros

qui nous dépeint l'insecte comme formant à lui seul une armée complète, n'est-il pas d'un très-bon plaisant ? Voyons maintenant cette armée en mouvement :

Dès l'abord il se met au large :

L'insecte ne s'expose pas inutilement à être broyé ; il attend l'occasion, et, lorsqu'il le peut sans danger,

il fond sur le cou,
Du lion qu'il rend presque fou.

Le point d'attaque était bien choisi. Les vers suivants sont animés : nous voyons les inutiles efforts du lion qui, s'épuisant peu à peu, demeure enfin immobile et *rugit*. L'effet produit par ce rugissement est effrayant :

A peine il achevait ces mots
Que lui-même il sonna la charge,
Fut le trompette et le héros.
Dans l'abord il se mit au large ;
Puis prend son temps, fond sur le cou
Du lion qu'il rend presque fou.

On se cache, on tremble à l'environ ;
Et cette alarme universelle
Est l'ouvrage d'un moucheron.

Ce dernier vers exprime un contraste aussi beau qu'inattendu. La bataille continue. Le moucheron profite de tous ses avantages et se multiplie. Il semble défier les coups redoutables de son adversaire ; mais queue, griffes ni dents ne sauraient l'atteindre. *Le malheureux lion*, en voulant frapper l'insecte

..... se déchire lui-même,
Fait résonner sa queue à l'entour de ses flancs,
Bat l'air qui n'en peut mais .....
le voilà sur les dents.

Le combat finit naturellement par la défaite du lion. Le moucheron s'est couvert de gloire :

Comme il sonna la charge, il sonna la victoire.

Nous nous plaisons à suivre ce superbe vainqueur dans son vol triomphant, nous arrivons jusqu'aux deux derniers vers de la fable, éblouis de tant de gloire, d'une gloire si vaillamment achetée, et voilà que tout cela va s'anéantir subitement. L'insecte rencontre en chemin

L'embuscade d'une araignée ;
Il y rencontre aussi sa fin.

Le quadrupède écume et son œil étincelle ;
Il rugit. On se cache, on tremble à l'environ ;
   Et cette alarme universelle
   Est l'ouvrage d'un moucheron.
Un avorton de mouche en cent lieux le harcelle ;
Tantôt pique l'échine, et tantôt le museau,
   Tantôt entre au fond du naseau.

Le poète tire de cette fable une double morale que le lecteur a sans doute déjà devinée. Que ce soit autant d'acquis pour notre expérience.

NOTES. — *Va-t'en.* Remarquez *t'* pour *te* pronom personnel, et non pas lettre euphonique. — Devant *y* et *en* on écrit *vas* : vas-y, vas-en prendre. Quelques grammairiens prétendent qu'il faudrait écrire : *va en prendre* (à cause de l'infinitif).

Insecte (insecare, couper) les insectes ayant comme des étranglements, des coupures dans le corps.

Excrément (ex-cernere, séparer de). Ce mot, qui désigne les matières fécales, est ici un terme de mépris.

Soucie, v. a., causer du souci, de l'inquiétude. Ce verbe ne s'emploie plus guère maintenant, si ce n'est avec la forme pronominale : *se soucier de*.

Puissant, est ici synonyme de gros, la grosseur supposant la force, la puissance.

A ma fantaisie, à ma guise, suivant mes caprices. Ce mot a même racine que phénomène (φαίνω) et devrait s'écrire phantaisie.

La rage alors se trouve à son faîte montée.
L'invisible ennemi triomphe, et rit de voir
Qu'il n'est griffe ni dent en la bête irritée
Qui de la mettre en sang ne fasse son devoir.
Le malheureux lion se déchire lui-même,
Fait résonner sa queue à l'entour de ses flancs,

Charge, ici, signal de l'attaque. C'est un terme de guerre qui signifie aussi : attaque vigoureuse, impétueuse.

Trompette, féminin quand il désigne l'instrument, masculin quand il s'applique à celui qui en joue.

Héros, homme qui se distingue par une action d'éclat, par son courage, sa vertu. — La lettre *h*, aspirée dans héros, est muette dans les dérivés : héroïne, héroïsme, héroïque, etc.

Dans l'abord, au premier moment, au commencement. Synonymes : d'abord, tout d'abord, dès l'abord, de prime abord.

Il se met au large. Au large signifie : où il y a beaucoup d'espace, vaste, large. D'où le sens : au large, en pleine mer ; et être, se mettre au large, être, se mettre à l'aise.

Prendre son temps, ne pas se presser pour choisir son moment, attendre le moment favorable.

Fondre, dont le premier sens est : rendre liquide, liquéfier, a signifié ensuite : tomber sur, s'écrouler sur. Cet édifice *fond* sur elle (Bossuet). De ce sens à celui d'assaillir, d'attaquer (avec un mouvement de haut en bas) il n'y a pas loin. Nous avons cette dernière acception dans la fable.

Bat l'air, qui n'en peut mais ; et sa fureur extrême
Le fatigue, l'abat : le voilà sur les dents.
L'insecte du combat se retire avec gloire :
Comme il sonna la charge, il sonne la victoire,
Va partout l'annoncer, et rencontre en chemin
    L'embuscade d'une araignée ;
  Il y rencontre aussi sa fin.

A l'environ, on dit plutôt : aux environs.

Alarme, crainte imprévue, subite, éprouvée par une armée à qui l'on crie pour cela de prendre les armes : à l'arme ! On dit aujourd'hui : aux armes.

Avorton, ici, terme de mépris, se dit de tout individu petit, mesquin, contrefait.

En cent lieux, en cent endroits.

Harcelle, il faudrait aujourd'hui, suivant l'Académie, harcèle. Ajoutez : bourreler, celer, déceler, écarteler, geler, marteler, modeler, peler, qui, au lieu de doubler *l* devant *e* muet, changent l'*e* pénultième en grave *è*. (Leclair.) Harceler signifie : inquiéter par des attaques fréquentes.

Faîte (latin fastigium), sommet. Ce mot se prend, comme ici, au sens figuré, pour ; le plus haut point, le plus haut degré. On dit aussi *apogée* (terme d'astronomie) et *paroxysme* (emprunté à la médecine). Ex. : Le faîte des grandeurs — l'apogée du talent — le paroxysme de la colère.

Rit de voir. Il était plaisant de faire rire un moucheron.

Quelle chose par là nous peut être enseignée?
J'en vois deux, dont l'une est qu'entre nos en-
[nemis
Les plus à craindre sont souvent les plus petits ;
L'autre, qu'aux grands périls tel a pu se soustraire,
Qui périt pour la moindre affaire.

Qu'il n'est griffe ..... fasse son devoir. Ces deux vers, d'une construction pénible, signifient que les griffes et les dents du lion ne déchirent que le lion lui-même, le mettent en sang, et s'acquittent admirablement de ce devoir, de cette besogne. Il serait peut-être plus régulier d'avoir dit : *ni griffe, ni dent.*

Fasse, qui a pour sujet *qui,* est au singulier : La Fontaine ne fait donc rapporter ce pronom qu'à l'un des deux substantifs. Il aurait pu mettre le pluriel : ne fassent leur devoir.

Résonner, ne pas confondre résonner (rendre un son) avec raisonner (faire un raisonnement).

A l'entour (entour, vieux substantif), a formé l'adverbe alentour. Alentour est devenu substantif et ne s'emploie qu'au pluriel : les alentours.

Qui n'en peut mais. Mais (latin magis, plus) a signifié d'abord : plus, davantage. C'est le sens qu'il a dans l'expression : *n'en pouvoir mais,* c'est-à-dire : ne pas pouvoir davantage (pour empêcher quelque chose), n'être pas cause de, n'être pas responsable de.

Le voilà sur les dents. Etre sur les dents, être accablé de fatigue, épuisé. Quand un cheval est bien fatigué, il est sur les dents, c'est-à-dire qu'il appuie, repose ses dents sur le mors.

L'insecte, — *du combat, etc.* Du combat est complément non pas du nom insecte, mais du verbe se retire. (Il faut le faire sentir dans la prononciation.)

Embuscade, embûche, embusquer, sont formés de la préposition *en* (dans) et du radical busc, bosc, de boscus. bois : *dans un bois,* l'embuscade consistant à attendre quelqu'un dans un lieu caché (comme un bois).

Fin (de la vie) mort.

Péril, danger. Il y a peu de différence pour le sens entre ces deux termes. Une différence serait que le péril exprime quelque chose de plus que le danger.

XXI

LE COQ ET LE RENARD

Sur la branche d'un arbre était en sentinelle
    Un vieux coq adroit et matois.
— Frère, dit un renard, adoucissant sa voix,
    Nous ne sommes plus en querelle :
    Paix générale cette fois.
Je viens te l'annoncer ; descends, que je t'em-
                                         [brasse.

ANALYSE. — Un vieux coq rusé était perché sur la branche d'un arbre. Arrive un renard : celui-ci aurait bien voulu avoir cette proie à son croc ; la difficulté était de l'atteindre. Pour l'attirer il lui parle de paix : plus d'inimitiés entre coqs et renards. Que le coq vienne donc recevoir le baiser d'un frère. Le coq feint d'ajouter foi à ces belles paroles, et aussi d'apercevoir à quelque distance deux lévriers qui doivent certainement être porteurs de la bonne nouvelle. A ce nom de lévrier, le renard est déconcerté : il n'a pas le temps d'attendre, ayant une longue course à faire, et il disparaît. Le coq était sauvé.

CRITIQUE. — On est frappé du ton enjoué de cette fable. Ce sont deux rusés compères qui luttent de finesse. Chaque vers renferme quelque chose de charmant. Nous aimons ce vieux coq *en sentinelle* sur la branche d'un arbre. Le langage du renard est un admirable modèle de patelinage. *Il adoucit sa voix* ; il a l'air pressé :

Ne me retarde point de grâce.

> Ne me retarde pas, de grâce :
> Je dois faire aujourd'hui vingt postes sans man-
> Les tiens et toi pouvez vaquer [quer.
> Sans nulle crainte à vos affaires ;
> Nous vous y servirons en frères.
> Faites-en les feux dès ce soir.

Il va même jusqu'à offrir son alliance :

> Nous vous y servirons en frères.

Ses derniers mots qui arrivent si inattendus, qui coupent d'une façon si inopinée son discours, sont bien dans le ton de quelqu'un qui a hâte d'en finir ; mais ils trahissent aussi sa grande préoccupation, sa secrète pensée de faire descendre le coq, et nous rions en l'entendant dire :

> Et cependant viens recevoir
> Le baiser d'amour fraternelle.

Le coq est enchanté d'apprendre cette nouvelle, et surtout de l'apprendre du renard, auparavant son plus funeste ennemi :

> Et ce m'est une double joie
> De la tenir de toi.

L'idée des deux lévriers est heureuse et le coq fut bien avisé. Certes, si le renard avait dit vrai, il se réjouirait. Nous sommes curieux de connaître sa réponse. *Adieu*, tel fut son premier mot ; — *nous nous réjouirons une autre fois,* et il détale. Cette fugue soudaine n'est-elle pas bien amusante ?.Notre coq venait donc de tromper le maître

Et cependant viens recevoir
Le baiser d'amour fraternelle.
— Ami, reprit le coq, je ne pouvais jamais
Apprendre une plus douce et meilleure nouvelle
Que celle
De cette paix ;

des trompeurs ; son contentement nous plait et nous répondons par un grand éclat de rire à ces deux vers :

Notre vieux *coq en soi-même*
Se met à rire de sa peur.

Combien de gens jouent parfois le rôle ridicule du renard ? Le dicton populaire en fait foi à côté de la fable de La Fontaine :

A trompeur, trompeur et demi.

NOTES. — *Sentinelle*, garde d'une porte, d'un lieu quelconque par un soldat. Le soldat même qui monte la garde. Ce substantif est féminin dans les deux cas.

Matois, fin, rusé comme un renard. (*Mate* signifiait tromperie dans le vieux français. — Ch. Aubertin.)

Querelle (latin querela, plainte), dispute, démêlé où l'on s'anime, où l'on échange des paroles aigres. Ici il est synonyme de guerre, hostilités.

Descends, que ..... c'est-à-dire : afin que.

Embrasser, prendre dans ses bras, entourer quelqu'un de ses bras avec affection. *Baiser* signifie appliquer ses lèvres sur. La confusion que l'on fait de ces deux mots vient de ce que les deux actions sont presque toujours simultanées.

Et ce m'est une double joie
De la tenir de toi. Je vois deux lévriers
   Qui, je m'assure, sont courriers
   Que pour ce sujet on envoie :
Ils vont vite, et seront dans un instant à nous.
Je descends : nous pourrons nous entre-baiser
                                            [tous.
— Adieu, dit le renard, ma traite est longue à faire;

De grâce, par grâce, est une ellipse pour : c'est une grâce, une faveur que je vous demande.

Aujourd'hui est un pléonasme. *Hui* est le mot latin hodie (hoc die) qui veut dire : ce jour. Aujourd'hui signifie donc : *au jour de ce jour*. Hui s'employait jadis seul ; on le trouve encore dans La Fontaine.

Poste, substantif féminin, établissements qui, au temps des diligences, étaient placés de distance en distance sur les routes, et où les *postillons* trouvaient des *relais* ou chevaux de relais. Poste désigne aussi une longueur itinéraire de deux lieues environ. Enfin de nos jours Poste désigne spécialement l'administration chargée de l'expédition des lettres.

Poste, substantif masculin, lieu assigné à quelqu'un pour une mission à remplir. Ces deux mots viennent du latin *positus*, participe passé de *ponere*, placer.

Les tiens, comme les miens, les siens, signifie pareils, semblables, et quelquefois partisans, amis, parents.

Vaquer, être sans titulaire, être libre : Emploi, logement qui vaque. Dans ce sens on emploie plus souvent être vacant. Vaquer signifie aussi s'occuper de, comme dans la fable.

FABLES. 97

Nous nous réjouirons du succès de l'affaire
Une autre fois. Le galant aussitôt
  Tire ses grègues, gagne au haut,
  Mal content de son stratagème.
  Et notre vieux coq en soi-même
  Se mit à rire de sa peur :
Car c'est double plaisir de tromper le trompeur.

Faites en les feux. On avait jadis l'habitude d'allumer de grands feux (dits de joie) dans les rues ou sur les places en signe de réjouissance. Les illuminations ne sont sans doute que la continuation de cette coutume.

Amour, doit toujours être masculin au singulier, quoiqu'on le fasse souvent féminin en poésie. Au pluriel, amours est presque toujours du genre féminin.

Tenir quelque chose *de* quelqu'un, c'est-à-dire apprendre quelque chose de quelqu'un.

Lévrier, chien avec lequel on chasse ordinairement le lièvre. La femelle du lévrier est la *levrette.* Un *levron* est un jeune, un petit lévrier.

Je m'assure, je suis convaincu. Cette forme était alors fréquemment employée.

Adieu, terme de politesse et d'affection dont on se sert quand on quitte quelqu'un. On dit aussi *au revoir* lorsque la séparation ne doit pas être longue. Adieu est affectueux, au revoir familier.

Traite, étendue de chemin que l'on parcourt sans se reposer.

Tire ses grègues. Les grègues étaient jadis la culotte ou haut-de-chausse. Tirer ses grègues, c'est se disposer, se préparer à partir, à fuir, prendre la fuite. Ne pas confondre grègues avec guêtres. Le mot grègue rappelle la forme *grecque* de ce vêtement.

Gagne au haut, gagne les hauteurs, s'enfuit.

Stratagème (στράτος-ἀγείν), ruse de guerre, tour d'adresse.

XXII

LE LION ET L'ANE CHASSANTS

Le roi des animaux se mit un jour en tête
De giboyer : il célébrait sa fête.
Le gibier du lion, ce ne sont pas moineaux,
Mais beaux et bons sangliers, daims et cerfs bons
[et beaux.
Pour réussir dans cette affaire,

ANALYSE. — Un lion, pour aller à la chasse, s'adjoignit un âne qu'il posta et à qui il donna pour mission de braire bien fort. L'âne joua admirablement son rôle : le lion n'avait qu'à égorger les animaux effrayés qui venaient se précipiter en foule au piége où il les attendait. L'âne voulut se donner tout l'honneur de la chasse ; mais le lion lui fit sentir qu'il n'était qu'un fanfaron.

CRITIQUE. — Il y a dans cette fable beaucoup de choses à admirer. Les quatre premiers vers ont je ne sais quel air aisé et nonchalant, quel ton imposant et fastueux qui ne peuvent être que d'un roi. En effet, c'est un roi, le *roi des animaux*, qui *se met en tête* de giboyer. Mais quel peut être le gibier du lion ?

Ce ne sont pas moineaux,
Mais beaux et bons sangliers, daims et cerfs bons
[et beaux.

Ce dernier vers me parait n'avoir pas besoin d'éloge

Il se servit du ministère
De l'âne à la voix de stentor.
L'âne à messer lion fit office de cor.
Le lion le posta, le couvrit de ramée,
Lui commanda de braire, assuré qu'à ce son

Bref, le lion va satisfaire son royal caprice et pour cela il se sert

Du ministère
De l'âne *à la voix de stentor :*
L'âne à messer lion *fit office de cor.*

La Fontaine, on le voit, a tiré ici un admirable parti de la voix de l'âne : il a des expressions merveilleuses pour la caractériser et nous égayer. Nous rions et le lion dut rire aussi, ce semble, à l'idée de faire fuir tous les animaux *à la tempête de cette voix,* car ce fut une véritable tempête :

L'air en retentissait d'un bruit épouvantable ;
La frayeur saisissait les hôtes de ces bois.

Se passe-t-il autre chose quand se déchaîne dans le ciel un véritable orage ?

N'ai-je pas bien servi dans cette occasion ?
Dit l'âne en se donnant tout l'honneur de la
[chasse.

Comment trouvez-vous ce baudet ? Quelque avantage que nous tirions de la sottise d'autrui, elle n'en est pas moins ridicule. Le lion se moqua de l'âne et il eut raison : C'est *bravement crié,* lui dit-il. Certes, voilà de la bravoure qui n'a pas coûté cher. L'âne sentit l'ironie,

Les moins intimidés fuiraient de leur maison.
Leur troupe n'était pas encore accoutumée
    A la tempête de sa voix.
L'air en retentissait d'un bruit épouvantable ;
La frayeur saisissait les hôtes de ces bois.

mais il n'osa pas *se mettre en colère*. C'est vraiment dommage : cette colère nous eût fort amusés :

Car qui pourrait souffrir un âne fanfaron ?
    Ce n'est pas là leur caractère.

C'est vrai : La Fontaine dit ailleurs que l'âne est *bonne créature*. Mais combien de sots dans le monde, qui, sans être d'aussi bonne composition que l'âne, joignent comme lui la vanité à la sottise ! Combien ne voit-on pas de gens à la cervelle pauvre, étroite, exiguë, dont l'audace est inouïe et les prétentions sans limites !

NOTES. — *Se mettre en tête*, former un projet, prendre une résolution avant d'avoir réfléchi.

Giboyer, verbe neutre, aller à la chasse au gibier.

Beaux et bons ..., bons et beaux. Cette redondance d'épithètes n'a-t-elle pas quelque chose de princier ?

Ministère, service manuel, office, fonction. Remarquez que ministère, en latin ministerium, est le même mot que métier (anciennement mestier) qui vient aussi de ministerium.

Stentor. Grec qui était au siége de Troie et dont la voix puissante servait de trompette.

Messer, pour messire, mon sire, mon seigneur, mon sieur.

> Tous fuyaient, tous tombaient au piége inévitable
> Où les attendait le lion.
> — N'ai-je pas bien servi dans cette occasion ?
> Dit l'âne en se donnant tout l'honneur de la
> [chasse.
> — Oui, reprit le lion, c'est bravement crié :

Faire office de, tenir lieu de, être employé à la place de.

Braire. Ce verbe, d'après l'Académie, ne doit s'employer qu'aux 3es personnes du présent de l'indicatif, du futur et du conditionnel.

Intimidé, qui a peur, qui est effrayé.

Accoutumé, avoir la coutume de. Il y a cette différence entre *accoutumé* et *habitué*, que le premier indique une coutume générale que l'on adopte, à laquelle on se conforme ; tandis que le second indique que nous faisons fréquemment la même chose, sans que pour cela les autres fassent comme nous. L'habitude est personnelle, la coutume est à tout le monde, règne.

Tempête de sa voix, métaphore heureuse.

Hôtes de ces bois, c'est-à-dire les habitants de ces bois, les animaux auxquels les bois donnent l'hospitalité.

Piége (pes, pedis, pied). Un piége est proprement ce qui nous prend par les pieds. La différence entre piége et embûche s'explique par la différence d'étymologie ; mais le sens de ces deux mots s'étant étendu, ils sont souven synonymes.

Avoir l'honneur d'une chose. On dit d'une personne qu'elle a l'honneur d'une chose, quand elle a beaucoup contribué au succès de cette chose, quand elle y a eu la part principale.

Si je ne connaissais ta personne et ta race,
J'en serais moi-même effrayé.
L'âne, s'il eût osé, se fût mis en colère,
Encor qu'on le raillât avec juste raison :
Car qui pourrait souffrir un âne fanfaron ?
Ce n'est pas là leur caractère.

Encore que, expression assez fréquente au xviie siècle, aujourd'hui tombée en désuétude et remplacée par quoique.

Railler et *rallier*. Le premier signifie : tourner quelqu'un en ridicule, se moquer de quelqu'un ; tandis que rallier (re-allier) signifie rassembler, réunir.

Fanfaron vient de fanfare (espagnol fanfa, vanterie). Le fanfaron est un homme qui se vante, qui veut se faire passer pour ce qu'il n'est pas. Les éloges qu'ils se donnent forment comme une fanfare.

XXIII

LE LIÈVRE ET LES GRENOUILLES

Un lièvre en son gîte songeait ;
(Car que faire en un gîte, à moins que l'on ne
[songe ?
Dans un profond ennui ce lièvre se plongeait :

ANALYSE. — Un lièvre faisait en son gîte de tristes réflexions sur les gens d'un naturel peureux. Tout-à-coup il entend un léger bruit et s'enfuit du côté de sa tanière. Mais en passant le long d'un étang, il fait sauter dans l'eau les grenouilles effrayées. Il s'étonne d'être si redoutable.

CRITIQUE. — Le lièvre est le seul héros de ce récit ; mais La Fontaine nous le dépeint sous une figure si plaisante que nous nous intéressons vivement à tous les faits et gestes du *mélancolique animal*. Notre lièvre a quitté sa tanière et se trouve à son gîte, c'est-à-dire à l'endroit où il passe ses journées. Là, il *songeait*, car, ajoute avec esprit le poète,
Car que faire en un gîte, à moins que l'on ne songe ?
Mais le lièvre est peureux ; le nôtre *est rongé par la crainte*. La crainte fait faire bien des réflexions. La Fontaine nous a révélé celles du lièvre : c'est une bonne aubaine dont nous allons profiter :

> Les gens de naturel peureux
> Sont, disait-il, bien malheureux.

Cet animal est triste et la crainte le ronge.
    Les gens de naturel peureux
    Sont, disait-il, bien malheureux !
Ils ne sauraient manger morceau qui leur profite :
Jamais un plaisir pur ; toujours assauts divers.

Nul mieux que le lièvre ne pouvait le savoir. Mais voyez où il en est réduit : *Pas un morceau qui lui profite, — jamais un plaisir pur*, — pas de sommeil *sinon les yeux ouverts.* S'il en est ainsi, que ne se corrige-t-il ? Il va nous le dire. Sa réponse est admirable de vérité : c'est la peur, l'incorrigible peur qui parle :

    Eh ! la peur se corrige-t-elle ?

Et il ajoute deux petits vers satiriques amenés là très naturellement :

    Je crois même qu'en bonne foi
    Les hommes ont peur comme moi.

Combien de bravaches dans le monde qui n'ont jamais eu d'autre courage que celui de nous assommer de leurs fanfaronnades ! On pourrait dire d'eux ainsi que du lièvre :

    Un souffle, une ombre, un rien, tout leur donnait
    [la fièvre.

Nous ne sommes pas surpris de voir au moindre bruit notre lièvre enfiler la venelle. Mais un étang se rencontre sur son passage et

    Grenouilles aussitôt de sauter dans les ondes ;
    Grenouilles de rentrer dans leurs grottes profondes.

Voilà comme je vis : cette crainte maudite
M'empêche de dormir sinon les yeux ouverts.
Corrigez-vous, dira quelque sage cervelle.
    Eh ! la peur se corrige-t-elle ?
Je crois même qu'en bonne foi

Cette idée d'introduire ici les grenouilles est vraie, naturelle ; à la place du poète nous n'aurions peut-être pas pensé à cette circonstance, que nous avons pourtant déjà remarquée souvent. La Fontaine s'en souvient à propos et, de plus, l'exprime dans un langage magnifique. Les deux vers consacrés aux grenouilles forment un petit tableau derrière lequel nous voyons la réalité, mais une réalité embellie, poétisée (car la poésie n'est pas autre chose) et nous sommes charmés d'une petite scène de la nature qui avait jusqu'à ce jour toujours été muette pour nous. La frayeur des grenouilles inspire au fuyard de nouvelles réflexions aussi joyeuses que piquantes :

Oh ! dit-il, j'en fais faire autant
Qu'on m'en fait faire.....
Je suis donc un foudre de guerre !

Ce lièvre a le talent de nous égayer et de nous faire rire. Ses dernières paroles forment la morale de la fable :

Il n'est, je le vois bien, si poltron sur la terre
Qui ne puisse trouver un plus poltron que soi.

NOTES. — *Gîte* (du verbe gésir, latin jacere), le lieu où l'on demeure. Il s'agit ici du lieu où le lièvre va parfois se poster, non loin de son terrier, de sa tanière.

Les hommes ont peur comme moi.
Ainsi raisonnait notre lièvre,
Et cependant faisait le guet.
Il était douteux, inquiet :
Un souffle, une ombre; un rien, tout lui donnait
[la fièvre.

Ronger. On dit au figuré que les soucis, la crainte, les remords rongent. C'est une image très-expressive.

Peur, crainte, frayeur. La peur est un défaut, elle est dans la nature de l'individu. La crainte est un terme général; la crainte peut quelquefois être le résultat d'un calcul. On se sert du mot frayeur quand on a surtout en vue la chose, l'objet (toujours extérieur) qui nous inspire ce sentiment. La peur est subjective (en nous-même); la frayeur est objective (nous vient du dehors).

Assaut (du verbe assaillir) est, au sens propre, l'attaque d'une place, etc. Ce mot se dit aussi de tout ce qui ressemble, au physique comme au moral, à une attaque vive, impétueuse.

Dormir les yeux ouverts. Le lièvre dort les yeux ouverts pour voir sans retard le danger qui peut le menacer. Par analogie on dit — dormir les yeux ouverts — pour faire entendre que le sommeil est peu profond et que l'on s'attend à être réveillé à chaque instant.

Cervelle, esprit, jugement, — la cervelle étant considérée comme le siége des facultés intellectuelles.

En bonne foi, locution adverbiale, pour inviter une personne à parler avec franchise et sincérité.

Guet, mot d'origine allemande (wacht). Ce mot a donné

Le mélancolique animal,
　En rêvant à cette matière,
Entend un léger bruit : ce lui fut un signal
　Pour s'enfuir devers sa tanière.
Il s'en alla passer sur le bord d'un étang.

---

lieu à un grand nombre d'expressions : être au guet, faire le guet, avoir l'œil, l'oreille au guet.

Douteux, nullement rassuré. *Inquiet* (in-quietus) qui n'est pas tranquille.

Un souffle, une ombre, etc., gradation descendante.

Mélancolique, mot d'origine grecque, signifie : qui a la bile noire. La mélancolie est généralement une tristesse résultant d'une souffrance physique.

Rêver. Quand il s'agit du sommeil, on dit : rêver de. Quand on parle d'une simple méditation un peu vague, on dit : rêver à.

Matière, sujet, chose.

Devers, vieille préposition qui signifie *vers*, du côté de. On ne l'emploie plus guère que dans la locution : par devers, c'est-à-dire en la possession de.

Tanière, l'abri, la demeure des bêtes sauvages. Désigne ici le terrier du lièvre.

Etang (du latin stagnum) parce que l'eau ne s'écoule pas.

De sauter, de rentrer. Infinitif de narration. Cette tournure élégante donne plus de rapidité au récit.

Grotte (dérivation populaire du latin crypta (κρύπτη en

Grenouilles aussitôt de sauter dans les ondes ;
Grenouilles de rentrer dans leurs grottes pro-
[fondes.
Oh ! dit-il, j'en fais faire autant
Qu'on m'en fait faire ! Ma présence
Effraie aussi les gens ! Je mets l'alarme au camp !
Et d'où me vient cette vaillance ?
Comment ! des animaux qui tremblent devant
Je suis donc un foudre de guerre !   [moi !
Il n'est, je le vois bien, si poltron sur la terre,
Qui ne puisse trouver un plus poltron que soi.

---

grec) qui a donné crypte, caveau souterrain servant de sépulture. La grotte est une caverne faite naturellement ou de main d'homme. La grotte est plus pittoresque, plus attrayante ; la caverne est plus sauvage, plus redoutable. Le mot grotte, dans la fable, a été heureusement détourné de son sens habituel pour désigner la vase des marais *où se cachent les grenouilles*. C'est le sens étymologique.

L'alarme au camp, expression plaisamment empruntée au langage militaire.

Foudre de guerre, guerrier redoutable sur un champ de bataille, et qui frappe comme la foudre. *Foudre* (latin fulgur) est du féminin au sens propre : la foudre, le feu du ciel. Au sens figuré, il est du masculin. Les auteurs ont usé de ce mot assez librement et l'ont fait tantôt masculin, tantôt féminin. Les grammaires donnent la préférence au masculin : Un foudre de guerre, d'éloquence. On dit des deux genres : les foudres de l'Eglise, de Rome, etc.

Poltron, qui manque de courage. Ce mot, d'origine incertaine, pourrait venir de *pollex*, pouce, et de *truncus*, coupé, parce que, sous les empereurs romains, des individus se coupaient le pouce pour éviter le service militaire.

XXIV

LE LOUP DEVENU BERGER

Un loup qui commençait d'avoir petite part
  Aux brebis de son voisinage,
Crut qu'il fallait s'aider de la peau du renard,
  Et faire un nouveau personnage.
Il s'habille en berger, endosse un hoqueton,
  Fait sa houlette d'un bâton,
  Sans oublier la cornemuse.
  Pour pousser jusqu'au bout la ruse,

ANALYSE. — Pour mieux surprendre les brebis, un loup s'avise de s'habiller en berger. Il arrive au milieu du troupeau : tout dormait. Le loup crut qu'il réussirait mieux en ajoutant la parole au geste et à l'habit. Mais sa voix ne fut qu'un hurlement qui mit tout le monde en éveil. On n'eut pas de peine à le tuer, gêné qu'il était par son accoutrement.

CRITIQUE. — Le personnage du loup est habilement représenté. Mais assistons tout d'abord à son déguisement où rien n'est oublié : nous voyons et le *hoqueton* et la *houlette* et la *cornemuse*. Cependant nous ne tardons pas à sentir que ce loup n'est rusé qu'à demi et qu'il s'aide très-mal de *la peau du renard*. Ce vers :

C'est moi qui suis Guillot, berger de ce troupeau,

est d'une naïveté fort gaie, mais ne fait guère honneur à

Il aurait volontiers écrit sur son chapeau :
« C'est moi qui suis Guillot, berger de ce trou-
　　Sa personne étant ainsi faite, [peau. »
Et ses pieds de devant posés sur sa houlette,
Guillot le sycophante approche doucement.
Guillot, le vrai Guillot, étendu sur l'herbette,
　　Dormait alors profondément :
Son chien dormait aussi, comme aussi sa musette :
La plupart des brebis dormaient pareillement.

---

la finesse du loup. Celui-ci *étant ainsi fait* s'avance au milieu du troupeau qui offre en ce moment un tableau délicieux. Tout repose, tout dort dans les vers de La Fontaine. On y sent un calme qui peint merveilleusement l'aspect de ce pâturage où tout est plongé dans le sommeil :

Guillot, le vrai Guillot, étendu sur l'herbette,
　　Dormait alors profondément ;
Son chien dormait aussi, comme aussi sa musette;
La plupart des brebis dormaient pareillement.

Le loup se garde bien de troubler ce repos qui favorise ses desseins : *il les laissa faire*. Jusqu'ici tout va pour le mieux; mais où la maladresse du loup éclate, c'est quand il croit nécessaire de parler :

Le ton dont *il parla fit retentir* les bois.

Ce beau vers rappelle heureusement les hurlements du loup. Tout le monde se réveille :

Les brebis, le chien, le garçon.

L'hypocrite les laissa faire ;
Et, pour pouvoir mener vers son fort les brebis,
Il voulut ajouter la parole aux habits,
Chose qu'il croyait nécessaire.
Mais cela gâta son affaire :
Il ne put du pasteur contrefaire la voix.
Le ton dont il parla fit retentir les bois
Et découvrit tout le mystère.

La morale est juste : *Quiconque est loup agisse en loup*. Le héros de cette fable n'eût peut-être pas perdu la vie s'il se fût contenté d'être loup. De même que certain baudet n'eût point ailleurs été roué de coups s'il n'avait *pas forcé son talent*.

NOTES. — *Avait part aux brebis*, c'est-à-dire qu'il arrivait déjà à ce loup de ravir et de dévorer quelquefois une brebis.

Personnage (latin persona, masque). Les acteurs, dans le théâtre des anciens, portaient un masque, d'où le nom de personnage. On appelle aussi personnage un homme considérable, important. La Fontaine dit ailleurs : Se croire un *personnage* est fort commun en France.

Endosser (en-dos), mettre sur son dos.

Hoqueton, casaque que portaient jadis certains soldats ; casaque en général.

Houlette, bâton muni d'un fer ; les bergers s'en servent pour jeter de la terre aux brebis qui s'écartent du troupeau.

Cornemuse, instrument de musique dont on se sert à la campagne et dans les montagnes. Ce mot vient de corne, dans le sens de cor, et de muse, comme musette.

Chacun se réveille à ce son,
Les brebis, le chien, le garçon.
Le pauvre loup, dans cet esclandre,
Empêché par son hoqueton,
Ne peut ni fuir ni se défendre.
Toujours par quelque endroit fourbes se laissent
Quiconque est loup agisse en loup; [prendre,
C'est le plus certain de beaucoup.

Sycophante (grec συκος, figue, et Φαίνω, révéler). Une loi ayant défendu chez les Athéniens d'exporter la figue, on appela sycophante ceux qui allaient révéler à la justice les infractions à cette loi. Sycophante est devenu synonyme de trompeur, hypocrite.

Herbette, diminutif, signifie : petite herbe des champs. Ce mot a quelque chose de gracieux qui fait qu'on l'emploie souvent dans la poésie légère.

Approche, ici au sens neutre, signifie : s'approche.

Comme aussi sa musette. Quoi de plus charmant, et même de plus naturel, que cette *musette qui dort ?*

Fort. Le fort est ici l'endroit le plus épais du bois, le lieu que le loup peut très-bien considérer comme sa place de guerre, sa citadelle.

Mystère. Tout ce qui nous offre quelque chose de caché, d'inexplicable. La religion païenne avait ses mystères comme maintenant le christianisme.

Garçon, cas régime de l'ancien nominatif *gars* qui n'est plus guère employé : ce mot désigne un jeune homme par opposition à une fille.

Esclandre (substantif masculin), même mot que *scandale*, signifie bruit fâcheux résultant de quelque affaire désagréable.

Empêcher (de impedire) proprement : mettre des entraves aux *pieds*, et par suite : faire des difficultés, défendre.

Fourbe, trompeur. Ce mot paraît venir de *fourbir*, comme *polisson* dérive de *polir*.

XXV

LES GRENOUILLES
QUI DEMANDENT UN ROI.

Les grenouilles se lassant
De l'état démocratique,
Par leurs clameurs firent tant,
Que Jupin les soumit au pouvoir monarchique.
Il leur tomba du ciel un roi tout pacifique :

ANALYSE. — Les grenouilles lassées de vivre en république firent tant par leurs clameurs que Jupiter, pour les punir, leur envoya un roi. Ce roi n'était qu'un inoffensif soliveau dont la gent marécageuse ne tarda pas à se fatiguer. La voilà de nouveau en instances auprès de Jupiter qui cette fois lui donna une grue. Ce nouveau roi passait son temps à croquer ses sujets. Les grenouilles supplièrent encore une fois l'Olympe ; mais l'Olympe n'entendit pas leurs plaintes.

CRITIQUE. — Cette fable est une belle leçon faite aux peuples qui, comme les enfants, ne savent pas se contenter de ce qu'ils ont. Tout ce qui a un peu duré ne vaut plus rien : on demande du nouveau sans penser que l'on s'expose aux mêmes calamités que les grenouilles de la fable. Certes, Jupiter avait agi sagement en laissant à ces importunes le temps de prévoir les maux qu'elles se préparaient. A la fin, quand il vit qu'elles s'obstinaient à

Ce roi fit toutefois un tel bruit en tombant,
    Que la gent marécageuse,
    Gent fort sotte et fort peureuse,
    S'alla cacher sous les eaux,
    Dans les joncs, dans les roseaux,

---

demeurer dans leur aveuglement, il les *soumit au pouvoir monarchique*. Le sujet ainsi exposé, La Fontaine va donner libre carrière à son talent de peindre. Quand le roi tombe du ciel,

    La gent marécageuse,
    Gent fort sotte et fort peureuse,
    S'alla cacher sous les eaux,
    Dans les joncs, dans les roseaux,
    Dans les trous du marécage.

Voilà des vers qu'on ne se lasse pas d'admirer : ils font image. Les grenouilles sont justement caractérisées dans les deux premiers. Les épithètes sont choisies avec un goût exquis : *marécageuses* — nous voyons les grenouilles dans leurs humides royaumes ; *sottes*, — elles passent leur vie à prendre le soleil au bord de l'eau, où à se plonger dans la vase au fond du marais : en elles, nul instinct qui nous frappe ; *peureuse*, — nous le savons, le lièvre nous l'a fait voir. Les trois vers suivants en rappellent deux de la fable à laquelle je viens de faire allusion :

    Grenouilles aussitôt, etc.

Nous avons remarqué que, dans ces deux vers, le poète

Dans les trous du marécage,
Sans oser de longtemps regarder au visage
Celui qu'elles croyaient être un géant nouveau.
. Or c'était un soliveau,
De qui la gravité fit peur à la première

---

exprime avec grâce la retraite des grenouilles dans leurs demeures profondes. Dans les trois qui nous occupent, il s'attache surtout à peindre la rapidité de leur fuite et l'égarement produit par la frayeur : nous croyons voir les grenouilles regagnant leurs trous en désordre. Maintenant que nous avons assisté à la débâcle du peuple, il est bon d'apprendre à connaître le roi :

Or c'était un soliveau,
De qui la gravité .....

Qui pourrait ne pas rire en voyant une figure de roi si plaisante ? Remarquez aussi cette petite conjonction *or* qui produit un si grand effet de surprise et de gaîté en rappelant l'épouvante causée par cet innocent monarque Comme ce roi ne bouge, on *s'aventure de le voir*. Les grenouilles vont donc reparaître; mais, autant leur fuite fut précipitée, autant leur retour est lent et timide, et cette lenteur ou cette rapidité se font voir même dans la marche des vers. Lisez :

Elle approcha, mais en tremblant;
Une autre la suivit, une autre en fit autant.

Si vous lisez trop vite, vous faites un contre-sens, vous enlevez aux vers leur naturel et leur vérité; car cette rentrée en scène des grenouilles, nous l'avons vue aussi

Qui de le voir s'aventurant,
Osa bien quitter sa tanière.
Elle approcha, mais en tremblant.
Une autre la suivit, une autre en fit autant :
Il en vint une fourmilière ;

---

quelque part, nous l'avons observée dans nos promenades à la campagne. La Fontaine la décrit tout aussi fidèlement que leur déroute. Les grenouilles deviennent familières avec leur roi jusqu'à lui *sauter sur l'épaule :*

Le bon sire *le souffre* et *se tient* toujours *coi.*
N'oubliez pas qu'il s'agit du soliveau.
Jupin en a bientôt la *cervelle rompue.*

Les grenouilles devaient laisser paraître une joie d'autant plus bruyante que leur terreur avait été vive d'abord, et avouons qu'il y avait de quoi *rompre la cervelle* du maître de l'Olympe. Aussi s'empresse-t-il d'envoyer à cette gent importune un *roi qui se remue.* La grue en effet fit preuve d'une activité qui ne laissait rien à désirer, mais ce fut au très-grand préjudice des grenouilles. Il semble se multiplier, ce nouveau roi

Qui les croque, qui les tue,
Qui les gobe à son plaisir ;
Et grenouilles de se plaindre :

Jupiter fut impitoyable, il leur donnait une leçon qu'elles avaient méritée et leur faisait regretter amèrement leur première forme de gouvernement.

Et leur troupe à la fin se rendit familière
Jusqu'à sauter sur l'épaule du roi.
Le bon sire le souffre et se tient toujours coi.
Jupin en a bientôt la cervelle rompue :
Donnez-nous, dit ce peuple, un roi qui se remue !

NOTES. — *Se lasser de*, signifie se dégoûter de ; — se lasser à, faire une chose jusqu'à ce qu'on en soit las.

Démocratique, se dit d'un Etat où le peuple se gouverne lui-même au moyen de mandataires qu'il choisit.

Clameurs, ici est un terme fort juste, attendu que ce mot suppose toujours des cris accompagnés de paroles injurieuses, menaçantes, etc. *Cri* est le terme général.

Jupin. Jupiter, dans l'ancien français. Jupin se dit encore aujourd'hui, mais dans le style familier.

Monarchique, se dit d'un Etat où un seul commande, gouverne.

Sotte. Les adjectifs en *ot*, *et*, *el*, etc., font en général leur féminin en doublant la consonne finale. *Peureuse* : les adjectifs terminés par un x forment leur féminin en changeant x en *se*.

Géant (féminin géante) ; qui est d'une taille extraordinaire.

Soliveau, petite solive, petite pièce de charpente.

De qui, ne serait plus régulier aujourd'hui. Après un nom de chose on ne doit pas employer *qui* précédé d'une préposition. Au xviie siècle, on n'observait pas cette règle,

Le monarque des dieux leur envoie une grue,
   Qui les croque, qui les tue,
   Qui les gobe à son plaisir ;
   Et grenouilles de se plaindre,
Et Jupin de leur dire : Eh quoi ! votre désir
   A ses lois croit-il nous asteindre ?

---

et l'on avait peut-être raison. Un soliveau *de qui* est préférable à : Un soliveau *dont* la gravité.

De le voir s'aventurant, inversion pour : s'aventurant de le voir. On doit plutôt dire : s'aventurer *à*.

Osa bien. Bien se joint souvent aux verbes et le plus souvent il est explétif.

Quitter, abandonner. Quitter une personne, une chose, c'est simplement s'en séparer d'une manière quelconque. Abandonner joint au sens de quitter une idée de désertion, de délaissement. Exemple : Je quittai mon pays, j'abandonnai mon père (Racine).

Fourmilière, dans le sens général de grand nombre, multitude.

Coi, féminin *coite* (latin *quietus*, tranquille) qui ne remue pas, qui ne dit rien.

La cervelle rompue. Cette expression a le même sens que l'expression vulgaire : casser la tête, signifiant : fatiguer l'esprit, etc.

Grue, oiseau voyageur ou de passage.

Croquer. Ce verbe, qui signifie au sens neutre : faire du bruit (en parlant d'une chose que l'on mâche), et au sens

Vous avez dû premièrement
Garder votre gouvernement ;
Mais ne l'ayant pas fait, il vous devait suffire
Que votre premier roi fût débonnaire et doux ;
De celui-ci contentez-vous,
De peur d'en rencontrer un pire.

---

actif : manger en faisant entendre ce bruit, a reçu beaucoup d'autres acceptions, entre autres : faire rapidement l'esquisse d'un tableau, d'une figure, le résumé d'un discours. Croquer le marmot, c'est-à-dire : attendre à la porte, etc.

Gober, saisir et avaler avec rapidité.

Eh quoi ! votre désir, *etc.*, c'est-à-dire : je ne me ferai pas des lois de vos désirs, je ne veux pas obéir à vos désirs (comme on doit obéir à une loi).

Vous avez dû, latinisme pour : vous auriez dû.

Débonnaire, doux, bienveillant. Ce mot a souvent un sens ironique. Débonnaire est pour : *de bonne aire,* aire ayant le sens de race, origine.

Pire, comparatif de l'adjectif mauvais, signifie : plus mauvais ; on ne doit donc jamais dire *plus pire*. *Pis* est adverbe et substantif ; adverbe il signifie plus mal : de mal en pis, c'est-à-dire de mal en plus mal. Le pis (substantif), ce qu'il y a de plus mauvais.

LEXIQUE
DES NOTES CONTENUES DANS CE LIVRE

A

Abord	89	Assaut	107
Accoutumé	102	Assurer (s')	97
Adieu	97	Arbalète	79
Affaire	76	Attraper	53
Aise	11	Aujourd'hui	96
Alarme	90	Avancer	31-66
Aliboron	13	Aventurer (s')	121
Ambassadeur	28	Aventure (chercher)	39
Ame	25	Aviht	76
Amour	97	Aviser (s')	65
Approcher	114	Avorton	90
Approfondir (par trop)	21	Ayer (verbes en)	10

B

Babillard	54	Bien	121
Babouin	65	Bise	10
Badiner	64	Bonheur (de)	17
Bande	84	Bord	65
Bâtir	28	Braire	102
Baudet	14	Brin	54
Béni	66	Breuvage	39
Berger	40	Bûcheron	42
Besogne	17		

C

Cabane	83	Cervelle	107-121
Canaille	65	Champion	13
Cassandre	55	Chanvre	52
Censeur	65	Chapitre	47

Charge	89	Confondre	72
Châtier	39	Consentir	83
Chaumière	83	Cordonnier	32
Chaumine	43	Cornemuse	113
Chauve-souris	70	Corvée	43
Cheminer	53	Côte	65
Chenevière	54	Courroux	70
Chère	20	Court (faire)	83
Chétif	28	Coûter	32
Choir	64	Crever	28
Clameur	120	Croquant	79
Coasser, croasser	36	Croquer	72-121
Coi	121	Crue	54
Comédie	25	Curieux	32
Commère	17		

D

Damoiselle	19	Désaltérer (se)	39
Danger	92	Desserrer	33
Débonnaire	122	Dessous	40
Déconfiture	46	Devers	108
Dedans	46	Devise	43
Défier (se)	33	Diable	46
Demeurant	47	Dîné	80
Demeurer	17	Discrétion (vivre à)	20
Démocratique	120	Disette	10
Dents (montrer les)	83	Dommage	61
Dents (être sur les)	91	Don (d'agréer)	24
Dépecer	61	Donner (tête baissée)	70
Dépens	36	Dont	120
Déplaise (ne)	11	Dormir (les yeux ouverts)	107
Dépourvu	10	Doyen	47
Derechef	72		

E

Echarpe	73	Eclore	52
Echoir	61	Embrasser	95

LEXIQUE.

Embuscade	92	Envoyer	61
Empêcher	115	Eplucher	54
Endosser	113	Esclandre	115
Encore que	103	Etang	108
Engeance	66	Etroit	20
Engin	53	Excrément	88
Ennemi	72	Excuser	32
Entour	91	Exercer (sa langue)	66
Environ	90		

F

Faire (si bien — tant que)	72-83	Foi (d'animal)	11
		Foi (en bonne)	107
Faîte	90	Foi (faire)	75
Faix	42	Foisonne	48
Famine	10	Fondre	89
Fanfaron	103	Forcer	24
Fantaisie	88	Forêt	40
Fendre	71	Fort	114
Fête (faire)	80	Foudre	109
Feux (faire les)	97	Fouler (aux pieds)	36
Fiction	71	Fourbe	115
Figue (faire la)	73	Fourmi	79
Filets	53	Fourmilière	121
Fin	92	Frairie	16
Fisc	58	Frein	58
Fluet	19	Fripon	65

G

Gabelle	58	Gloutonnement	16
Galant	24	Gober	122
Garçon	114	Grâce (de)	96
Gare	53	Gratifier	24
Géant	120	Grègues	97
Gens	24	Grenier	19
Giboyer	101	Grenouille	27
Gîte	106	Grotte	108

Grue................	55-121	Guérir................	43
Guère................	40	Guet................	107

H

Habitué................	102	Honneur (avoir ..... de).	102
Harangue................	66	Hoqueton................	113
Harceler................	90	Hors................	84
Herbette................	114	Houlette................	113
Héros................	89	Hutte................	83

I

Infus................	25	Instinct................	55
Insecte................	88	Intimidé................	102

J

Jadis................	61	Jupiter................	72-120
Jaser................	55	Jusque................	36-52

L

Lacets................	53	Lice................	83
Là-dessus................	40	Lie................	20
Large................	89	Ligue................	73
Larron................	13	Long (tirer de long)....	80
Lasser................	120	Lourdaud................	24
Lévrier................	97		

M

Machine (ronde)........	43	Matois................	95
Madré................	31	Maudit................	54
Mafflu................	20	Méchant................	71
Mais................	91	Médire................	40
Manant................	52	Méprendre (se)........	21
Marais................	36	Messer................	101
Marquis................	28	Métier................	101
Martin-bâton..........	25	Meunier (moulin).......	58
Matière................	108	Mignon................	25

Ministère	101	Mulet	57
Monarchique	120	Mystère	114

N

Nenni	28	Notre	72
Net	14	Novice	31
Ni	91	Nu	79

O

Obliger	75	Oiseau	71
Obole	80	Opiner	48
Océan	79	Oût	11
Office	102	Outrage	72

P

Page	28	Piége	102
Pair (de ..... à compagnon)	25	Pire	122
		Plaider	84
Paître	31	Point	25-33
Panse	21	Poltron	110
Pardonner	71	Poste	96
Part (avoir ..... à)	113	Pouvoir (n'en ..... plus)	43
Parti	55	Prendre (un pied)	84
Pâtir	36	Prendre (en)	55
Pauvre	14	Près de... prêt à	84
Pauvrette	71	Prétendre	62
Pécore	28	Principal	11
Pédant	65	Produire	71
Penser	17	Profession	71
Péril	92	Promontoire	79
Périr	20	Prophète (de malheur)	54
Personnage	113	Protester	72
Peur	107	Punir	39
Pied (haut ..... le)	33	Puissant	88

Q

Qualité	61	Qui	39
Quart	14-46	Quitter	121
Querelle	95	Quoique	24

R

Railler, rallier	103	Réseaux	55
Raison (et la .....)	61	Résonner	91
Ramée	42	Rets	53
Rebondi	21	Rêver	108
Reginglettes	55	Riez (vous)	17
Relevé (d'un pas ......)	58	Rive	65
Renard	31	Rivage	65
Repartie	73	Rodilardus	46
Reprit	40	Ronger	107

S

Sabbat	47	Soliveau	120
Sage	73	Sonner (sa sonnette)	58
Sait (Dieu)	20	Sotte	120
Seigneur	28-60	Soucier	88
Sembler	27	Soûl	21
Sens (bon)	36	Soulager	58
Sentinelle	95	Soupé	80
Sire	61	Stentor	101
Société	60	Stratagème	98
Soi	75	Sycophante	114
Soin (prendre)	65		

T

Tâcher	71	Ton (changer de)	25
Tancer	65	Tour	17
Tanière	108	Traite	97
Temps (prendre son)	89	Transilvain	14
Tenir (q.q. de ch. de q.q.)	97	Trompette	89
Terme	83	Trottaient	13
Terre (à, par)	33	Troyen	55
Tiens (les)	96		

V

Vaillant	62	Vas, vais (je)	40
Vaquer	96	Va-t'en	88

Venant (à tout)	11	Vilain	80
Venelle	32	Vive	72
Venir (en venir)	84	Voire	48
Vénus	79	Vouloir (en ..... à)	58
Vermisseau	10		

TABLE DES MATIÈRES

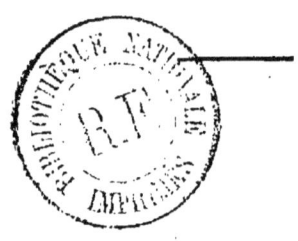

Préface..	v
Explications	5
Règles de prononciation..................................	8
La Cigale et la Fourmi....................................	9
Les Voleurs et l'Ane..	12
Le Loup et la Cigogne	15
La Belette entrée dans un grenier....................	18
L'Ane et le petit Chien....................................	22
La Grenouille qui veut se faire aussi grosse que le Bœuf	26
Le Renard, le Loup et le Cheval.	29
Les deux Taureaux et la Grenouille..................	34
Le Loup et l'Agneau..	37
La Mort et le Bûcheron....................................	41
Conseil tenu par les Rats.................................	44
L'Hirondelle et les petits Oiseaux.....................	49
Les deux Mulets...	56
La Génisse, la Chèvre et la Brebis en société avec le Lion...	59
L'Enfant et le Maître d'école............................	63
La Chauve-Souris et les deux Belettes..............	67

Le Lion et le Rat...	74
La Colombe et la Fourmi.................................	77
La Lice et sa Compagne..................................	81
Le Lion et le Moucheron.................................	85
Le Coq et le Renard.......................................	93
Le Lion et l'Ane chassants..............................	99
Le Lièvre et les Grenouilles............................	104
Le Loup devenu berger...................................	111
Les Grenouilles qui demandent un roi................	116

FIN

www.ingramcontent.com/pod-product-compliance
Lightning Source LLC
Chambersburg PA
CBHW060143100426
42744CB00007B/881